華志文化

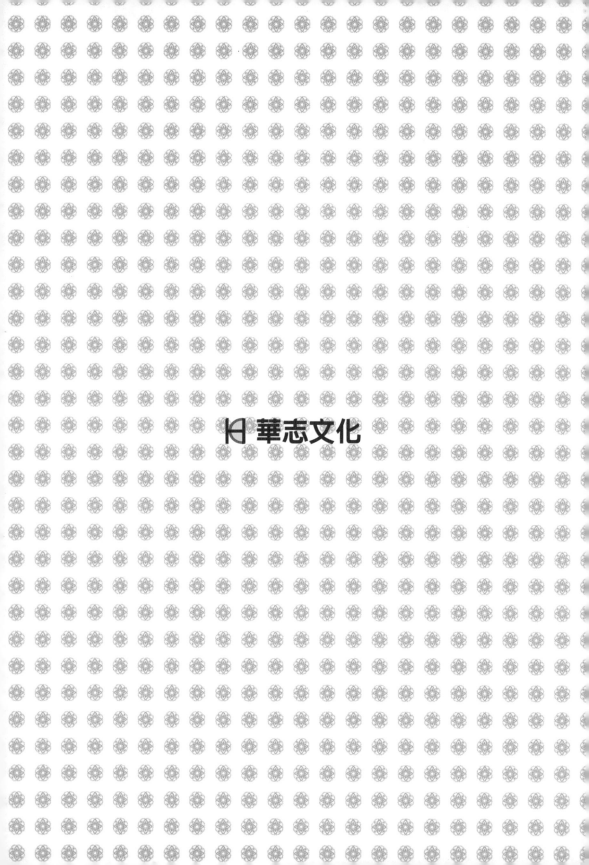

華志文化

母慈子孝

序 言

——至要莫若教子

《禮記·學記》云:「建國君民,教學為先。」自古以來,我們的祖先都在諄諄告誡教育的重要,而對於一個家庭來說更是「至要莫若教子」。

近年來,我們欣喜地看到,海內外掀起了復興傳統文化的熱潮,中華優秀傳統文化越來越成為家國天下和諧幸福的法寶良箴,有識之士尋求教育方略的眼光也都逐漸回歸於中華先祖五千年之浩瀚文明。

國家將興,必有禎祥;世界和諧,我之責任。值此勝緣,基於一份社會的責任,一位慈母的大愛,趙良玉女士為我們講述三十年教子之心得,把鍾茂森博士在傳統文化家庭教育下的成長歷程真誠奉獻給大家。

在二〇〇六年夏,趙女士和鍾博士母子曾應邀演講,其間反應熱烈,大會的工作人員把內容錄製成了光碟,定名為《母慈子孝》,並在網上廣為流傳;二〇〇七年趙女士和鍾博士母子又應邀在香港進行七個小時的演講,大眾迴響更為熱烈。

從趙女士的分享中,我們感受到鍾博士非自幼聰明睿智,而今其道德學問深受海內外同仁大眾之敬仰,究其根本,緣自慈母點點滴滴的教化,所謂「閨閫乃聖賢所出之地,母教為天下太平之源」。

教子之方　身教則從

　　鍾博士美國留學一年後回鄉探親，作為母親，趙女士為兒子歸來特意剪髮，讓兒子看到了一個容光煥發的形象，意在使在外的兒子少些牽掛，將來更安心學業。

　　學金融的兒子，本該歸國前剪頭髮，但是計算國內外差價後，覺得回國剪髮比較節省，由於頭髮很長，加之途中幾經轉機，一路風塵，示母以不佳形象。

　　母親看到兒子風塵僕僕的樣子，又離別經年，當然不忍嗔怪兒子因何這般模樣，但是母親神清氣爽迎接兒子的容貌，即是最好的教育，再有慈母一句：聽說你回來，我特意去剪了頭髮……

　　這件生活小事，博士多次講到，謂自己對母親愛敬不夠，每每慚愧淚濕，並發願自此一定善體親心，絕不能給父母不佳的形象，要回報父母以至誠恭敬！

　　聽者每每感佩博士修身責己之深切，講學利眾之至誠無隱，愛親敬親之細緻入微，而無不為之動容。

　　每一個孩子都帶有生命的痕跡，或者外貌，或者精神，或者神形兼備。今讀趙女士心得，始知鍾博士之今日，乃慈母智慧之光，生命之光，教育之光。

　　教育無小事，而真正的教育是生活的教育，會自然融化在孩子的生命中。

　　父母做了多少，為人子女的何時能夠與父母同心同體？天下有多少兒女對父母的恩德，常常報之以「心不在焉，視而不

見，聽而不聞」？親恩之浩蕩，不一定是驚天動地的偉大，恰是這「潤物無聲」的細節。父母是我們一生讀之不盡的經典，他們不經意的言語、行為，往往能讓兒女領悟人生真諦。我們粗糙的心是那麼膚淺，如何變得細膩些、深邃些？誠願常常提起博士與母親的生活應對，並以之為範，讓我們在天倫中，在生活的細節中，發現與捕捉到生活中人倫至性的美。

教育無處不在，尤其這些自然流露的言語、行為的教化，往往更加感人至深，讓人一生回味、受益，由此，我們對趙女士母子充滿敬意。

家庭善教　母教最要

每到逢年過節、老人生日，即舉行家庭聚會，晚輩給老人紅包、跪拜，第三代孩子要寫詞讀詩，表演節目。

三代同樂享天倫，這樣的家庭生活氛圍，是真正的傳統文化，是傳家有道。往往在悅老敬老中，孩子們的孝心會逐漸培養起來。而這樣的聚會，召集者一般都是趙女士，這自然為兒子鍾博士提供了一方精神的沃土，孝親之樹自幼即扎下深根。

家庭文化百寶箱裡，一張張照片，一份份文稿，都是一段段的回憶，都是家族留下的歲月痕跡，那歷歷往事，家庭的變遷，育子的艱辛，母女、母子相依為命的日子，一代一代相攜走過，皆是無盡的人生回味……每一份文字，都是那樣彌足珍貴，並時時給人以溫馨，因為那蘊含著一個女兒、一位母親，我們尊敬的趙女士深切用心，那是源自一份對生命的尊重，相信趙女士的生命之河亦必將東流到海，永不止息……

這樣的家道，這樣的母親，兒子鍾博士才得以孝親有志，勉勵勤學，嚴守「七不」清淨戒律於學業、事業，而今又能夠專精於道業。

《大學》云：「知止而後有定，定而後能靜，靜而後能安，安而後能慮，慮而後能得。」海外十幾年，一直在為國爭光：在美國捐血，使中華青年的愛心之血救助異國人民；留學期間，舉辦八次座談分享孝道，使同學感念親恩；留學四年八篇優秀論文發表，達到美國當時資深教授的水準；被嚴格的知名教授譽為幾十年來最優秀的學生；七年碩、博士學業四年完成，成為所在學院第一人；第一個月薪資捐給美國大學作基金；在澳洲成為學術論文最多、破格晉升最年輕的終生教授、博士生導師……凡此種種，皆因有孝德的根基。心心念念把祖先、父母放在心中，怎麼敢不修德敬業？

鍾博士是傳統家庭教育的碩果，我們不能不感佩「家庭之善教，母教最要」。

精神之園　碧樹參天

本書的主要內容，是趙女士以及鍾博士給長輩們的獻詞書稿，以及母子之間幾十年來的卡片信函，讓我們有幸感受了幾代人的溫情。

書稿幾乎紀錄了趙女士的兒子鍾博士走過的每一個人生的重要階段，一份書稿，一份人生記憶，每讀一次，都是一次生命的啟迪，因為文字背後的一段段人生風景，無不蘊涵著趙女士之聖母懿德，乃至家族的幾代風範，誠願趙女士以及鍾氏家

族，隨鍾博士此世志在聖賢之行誼而流芳千古。

　　趙女士自幼亦得益於家道傳承，是聖賢風範支持她走過了十年浩劫，也支持了兒子鍾博士把孝心、敬心獻給父母、師長，把愛心獻給大眾，定心、守戒，完成了學業、事業，如今正繼續著聖賢之道業。

　　趙女士與鍾博士母子「孝」的生命體驗，已經為我們證得，「建國君民，教學為先」，教孝為先；更證得「夫孝，德之本也，教之所由生也」，人生如果有快捷方式，唯行孝至德證道。

　　毋庸置疑，晚輩是望著父母、師長的背影成長的，父母、師長的學養修為到哪裡，就會把孩子、學生帶到哪裡。能夠為十九歲的兒子規劃人生到五十五歲，慈母的精神之園也一定是碧樹參天，而這種堅毅的力量，也隨生命之始深植於兒子的心田。

　　趙女士志言：「能孝敬自己的父母，是小孝；能孝敬天下的父母，全心全意為人民服務，是大孝；能成就聖賢、普利眾生，使千秋萬代的人獲益無窮，是至孝。我支持兒子走上大孝，奔向至孝！」

落落數言　志在聖賢

　　最後，趙女士殷殷告誡天下父母三句話：

　　第一句，我們堅信優秀是教出來的，而父母永遠是孩子的第一教師。

第二句，我們牢記要從中華傳統文化教育中吸取精華，要
　　　　　從《弟子規》做起。

　　第三句，我們期盼天下的父母都能為和諧世界，培養更多
　　　　　的大孝至孝的兒女。

10

　　感恩趙良玉女士——鍾媽媽，感恩她幾十年來為社會教養
了孝親、尊師、老實受教的兒子鍾博士，我們感恩她們此生母
慈子孝的真誠演繹！

　　在此，也對成就本書的一切人、事、物，至誠感恩。本書
難免有疏漏、不足之處，誠望志士仁人多多參與指教，感恩不
盡。

目錄

為佛弟子當行

孝道孝乃人之本心

若無孝行他善雖多

皆偽必不成德譬如艸

木失其根本也若行

孝道修德易成

一

家庭教育的老師
——母親的第一責任

14

母親：

在八年前（一九九九年），茂森二十六歲時，在他博士班畢業前夕，他寄給我一封熱情洋溢的信，信中說：

兒子：

親愛的媽媽：

我欣喜地向您報告：我的論文即將完成，我在今年八月份便能圓滿博士畢業。非常感激您四年來對我的鼓勵和支持，使我在學業道路上一帆風順。我如今即將戴上博士帽，第一個感念的就是您——我偉大的母親！

我誠摯邀請您來我們學校——美國路易西安那理工大學商學院（Louisiana Tech University）參加我的博士畢業典禮。我將陪您參觀美麗的校園；我將穿上博士禮服與您攝影留念；我將介紹您認識每一位優秀的教授和同學；另外，我將陪您遊覽美國主要風景區。您的旅途費用將由我全部負擔。隨信附上經濟擔保與銀行證明（供簽證使用）。

我相信，您的赴美旅途一定充滿歡樂。

兒：茂森　敬呈

一九九九年三月三十一日

母親：

接到兒子的信，我非常歡喜！從小學到博士畢業，這中間經歷整整二十年的過程，我伴隨孩子，走完了這二十年的學習生涯，現在圓滿了，孩子可以出來為社會服務了。就像看到自己栽的花，盛開了；就像看到自己種的樹，果實長出來，成熟了，心

中自然有說不出的歡喜。

博士畢業邀請母親參加畢業典禮

兒子：

感謝母親把我培養成人，回憶在我二十歲生日的時候，母親給我一張語重心長的賀卡，她說：

你在母愛的陽光下，已長成二十歲的青年。

一年三百六十天，那是七千二百個日日夜夜啊！

無論我是在忙碌中，還是在痛苦中，

無論我是窮困，還是富足，

你都是在溫飽和安樂中成長。

從幼稚園到大學，

我用心血澆灌你這棵小樹，

因為我是你的母親。

在你成長的各個階段，

為你策劃安排，

用智慧之水澆灌你這棵小樹，

因為我是你的第一任老師。

與你促膝談心，共同探討人生宇宙的哲理，

用溫暖的友情滋潤你這棵小樹，

因為我是你的朋友。

茂森兒，珍惜青春的年華，

常問問自己：

二十歲，我是大學生，

三十歲，我是什麼？

四十歲，我將站在社會的那個階層？

……

各位朋友，人的嘴唇所能發出的最美好的字眼，就是「母親」，最動人的呼喊就是「媽媽」，這是意味深長的字眼，這是平凡而偉大的稱呼。它充滿了溫暖與慈愛，它顯示了神聖的責任與教化。母親，您對我的教育，是與我的生命同步。媽媽，您是我的亦母、亦師、亦友。

母親：

一個農民的喜悅是什麼？是面對豐碩的秋收。

一個母親的喜悅是什麼？是看到孩子的成才。

為家庭培養一個好孩子，為社會培養一個人才，這是我們每

一個做母親的心願，是我們做母親的責任與志向。當我們決心要做一個負責任的母親時，才可以要孩子。我是二十八歲才生這個兒子，是有了要把孩子培養成人才的心願才育兒。

我從自己的生活經歷中體會到：母親的第一責任是教子。我也有社會工作，但是它在我心目中是排第二。做父親的，應該把社會工作排第一，母親把教子排第一，這樣夫妻主外主內，各有重點，使家庭和諧，兒女幸福。如果經濟條件允許，太太不用外出工作，在家專心相夫教子，那當然更好；但是現今社會，大多數還是夫妻雙方都要工作的。可是，不要忘記，我們做母親的第一責任。

有些年輕的母親覺得認真負責地教育孩子是件很累很苦的事。可是我要問一聲：如果你的孩子學壞了，成為社會的負擔，你不就更累更苦了嗎？如果母親不把孩子教好，你以為只是自己的事情嗎？——那很可能造成對社會的損害。

我們看到今年（二〇〇七年）四月份，驚駭世界的美國維吉尼亞理工大學的槍殺案。凶手是韓國學生趙承熙，僅因為戀愛問題的不如意就槍殺了三十二名無辜的師生。這是因為沒有受到良好的家庭教育，長久以來養成孤僻、冷漠、仇恨的性格，最終釀成多少人的家庭悲劇！其父母因愧對美國人民，自殺未遂，被送進醫院……

一個母親把孩子教好，不僅是你一家人的事——那更是對社會的責任與貢獻！

我們看到中國古代的孔母、孟母，她們培養出孔子、孟子這樣的聖賢人物，使當代乃至千秋萬代的人受益無窮！

孩子和母親接觸的時間是最多的，從胎兒、出生、嬰兒時

代，少年，青年乃至以後走向社會，母親的影響都是極大的。如何看待家庭教育？如何看待母親在家庭教育中的作用？翻閱了許多關於教育的論著，找到了一些自古以來對家庭、母教的重要性的論述。

兒子：

1.世少善人，由於家庭無善教。而家庭之善教，母教最要。以人之幼時，日在母側，其薰陶性情者，母親最多。

2.欲家國崛興，非賢母則無有資助矣。世無良母，不但國無良民，家無良子。

3.需知為天地培植一守分良民，即屬莫大功德。

（母親解釋：做父母的也不必太緊張，把兒女培養成一個守法公民，就功德無量！）

4.世無聖賢之士，由世少聖賢之母之所致也。

5.治國平天下，自齊家始。所以治國平天下的權力，婦女操之大半。

6.國乏賢人，其根本皆由家庭無善教所致。而家庭之教，母之責任更重，是以光（印光大師）屢言教子為治平之本。

（母親解釋：國家沒有人才，是因為沒有良好的家庭教育，而家庭教育的責任就在母親身上，教育好兒女是世界和諧的基礎。）

7.人果能善教兒女，自可家道興隆，天下太平矣！

8.家庭有善教，則所生兒女皆賢善。家有賢子，則國有賢才。窮則自淑，化及鄉邑。達則兼善，普益斯民。如是之益，出於家教。家教之中，母教最要。

　　（母親解釋：有良好的家庭教育，兒女優秀。兒女都優秀，那麼國家就有人才了。有良好的家教，自己做好，即使沒有機會發達，也可以影響周圍的人及鄉里。如果發達了，能夠普益天下人民。這樣的好處利益是來自家教，來自母親的教育。）

　　9.無賢母，又何由而得賢子女哉。此種極平常之道理，人人皆能為之，所痛惜者，絕少提倡之人。

　　（母親解釋：沒有賢明的母親，哪有優秀的兒女？這是很平常的道理，要大力提倡！）

　　10.家庭母教，乃是賢才蔚起、天下太平之根本。

母親：

　　印光大師是清末民初赫赫有名的大法師，是佛教界的祖師級人物，他對於家庭教育的論述很多、很精彩。這裡僅引用十段話，就可以看出古人所說的「至要莫若教子」的道理。

　　教育好兒女，為治國平天下做出貢獻，有沒有人做出這樣的榜樣？

　　歷史上有三位傑出的母親，是教子的典範，她們真的為治國平天下做出貢獻。三位母親是周朝政權保持八百年的幕後英雄。她們就是太姜、太任、太姒。「太太」一詞，就是從她們而來的。

兒子：

　　周朝三位傑出的母親：太姜、太任、太姒

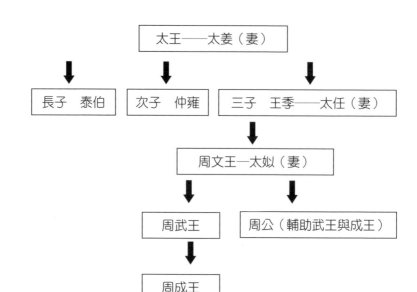

　　這三位母親生的兒子，無論是做君王，還是沒做君王，都非常賢德。太伯和仲雍，了解父親的心意，主動讓賢，讓三弟王季得以繼承王位，並傳位給周文王。孔子讚歎太伯的德行，說：「太伯其可謂至德也已矣。」（德行達到了頂點了）什麼德行呢？——孝悌的典範！太伯順從父親的心意是孝，成就了弟弟是悌。這孝悌是為了國家的利益（太王早就看出周文王繼位後會成為聖賢的君王，所以大哥二哥理解父親，讓賢了，讓三弟繼位，自然傳給周文王了）。周文王、周武王以及周公都是孔子最推崇的人，都是歷史上的聖賢國君，都是賢士。

母親：

　　原來我們母親手中操縱著天下太平、社會和諧的大權。我們做母親的，是給社會輸送人才，還是輸送庸才？豈能不慎重！

我是很希望為社會培養出一名出色的教授。我覺得教書這工作很高尚。所以當茂森高中畢業時，我就正式對他說：「你好好努力，當上教授，我願意做教授的母親，你要滿足我的願望。兒子果然很聽話，博士畢業後，就在大學裡教書（教金融學），沒有去銀行界、企業界工作，也許去銀行界、企業界工作，收入會更高一些，但是兒子還是重視母親的意見，他選擇了大學，而且很快地使我當上了教授的母親。

在大學任教獲好評

茂森在大學任教，無論是在美國大學，還是在澳洲大學，校方對這個中國青年的評價都是：「非常優秀。」

茂森在昆士蘭大學任教，因獲得優秀研究獎，《澳洲郵報》特報導此事。（《郵報》是澳洲發行量很大的報紙）

茂森在美國教書時，是以傑出專家學者身分，而獲得美國政府批准的「綠卡」，移居澳大利亞前，校方以一個月的快速度，同時辦好我們母子的「澳洲綠卡」（永久居留）。我們接到移民簽證後才動身赴澳。

茂森在去年（二〇〇六年）給我的生日賀卡中總結說：

兒子：

在過去的三十三個年頭裡，您用愛心之土培育，以智慧之水澆灌，使我從一顆小樹種，逐漸發芽、苗壯、長大。回首走過來的路，您現在可以欣慰地說：「我的辛苦得到了安慰。我為社會培養了一名博士。我當上了教授的母親！」

母親：

可是隨著我們母子精神層次的提高，我對教授的涵義，對它的深度和廣度的認識也不斷提高。我不僅希望兒子成為一名出色的金融教授，而且希望兒子成為一名具有中華傳統美德：孝、悌、忠、信、禮、義、廉、恥的教授，成為一名君子教授，成為一名聖賢教授！

我是一個充滿信心的中國婦女，深信孟子所說的：「人皆可以為堯舜！」我們做母親的不僅要立志，為國家、為人民培養技術人才，還要為人類培養聖賢的種子！幫助孩子走上聖賢之道。

今天的世界，需要千千萬萬個孟母！

讓我們來學習做孟母吧，肩負起教育兒女的責任，肩負起母親的第一責任！

家庭教育的起點

——胎教

母親：

教育得從源頭說起。茂森的教育首先得力於胎教。

這要感謝我的母親給我的言傳身教。茂森生於一九七三年，當時關於中國傳統文化教育的書籍很少。幸運的是，我的父母都與教育有緣。父親在大學教書，母親是師範學校畢業，但沒有外出工作，而是在家裡相夫教子。「胎教」這一詞，我是第一次從母親那裡聽到的。

母親告訴我，種樹要選優秀的樹種育苗，育兒要從胎教開始。

母親告訴我，因為人在天地之間，必然要受自然變化的影響。因此在一年二十四個節氣中，特別是立春、立夏、立秋、立冬，以及春分、秋分、夏至、冬至節氣前一天，夫妻不宜同房孕胎，因為節令前一天，是季節變化交替時刻，很動盪，防胎不穩；另外雷電交加的日子亦不宜，怕以後生出來的孩子性格暴躁等等。母親告訴我，在懷孕期間，眼睛要看美好的東西，耳朵聽莊嚴的聲音，口不說輕浮的話，行動穩重，非禮勿視，非禮勿聽，非禮勿言，非禮勿動。到生產時要忍耐，疼痛時不要叫喊，叫喊損傷元氣，會增加胎兒的恐懼，要集中心力，忍住痛苦把孩子生出來。

母親親切的教導，我不僅記住了，而且做到了。在整個懷孕期間，我們夫妻分開，我住在母親家中，生活是清淨而莊嚴的。十月懷胎，是婦女忍辱負重的日子，應該有一種莊嚴感。夫妻之間雖然互相關心，但沒有男女之間纏綿之語。我當時白天還有工作，很少聽廣播，也很少看什麼閒雜書報（當時還沒有電視）。我每天的心態很寧靜，每天從早到晚看到最多的是母親的形象，

感受母親的氣質。

我的母親是一味儒家思想教育出來的典型中國婦女：

溫、良、恭、儉、讓

　　我的母親是一位儒家思想教育出來的典型中國婦女，是在生活中完全做到了溫、良、恭、儉、讓（溫和、善良、恭敬、儉樸、謙讓）的女性，也是至今為止，我心目中最佳賢妻良母的形象。

　　母親每天早上五點前就起床，操持家務，耐心地做一日三餐，性格柔和，作風穩重，待人寬厚，樂善好施。

　　我的父親是一位正直的知識份子，崇尚淡泊，不攀援權貴。在大學裡教書，勤勤懇懇從事教育工作三十年，政府曾發給他榮譽證書。

　　母親對父親非常尊重，而且六十年的夫妻生活，都是如此。我常常看到母親給父親倒茶，端洗腳水。父親喜歡吃什麼飯菜，母親就做什麼。母親也很喜歡閱讀歷史、文學作品，很喜歡讀

孩子們寫給她的信。母親是父親的賢內助，父母是白頭偕老的典
範。

我的父親是一位正直的知識分子，從事教育工作三十年

　　我童年時代，父親教我學習《古文觀止》，講很多歷史故
事給我聽，從「緹縈救父」、「木蘭代父從軍」、「孔融四歲讓
梨」等孝悌故事，到「孟母三遷」、「岳母刺字」等教育的故
事；從「范仲淹畫粥苦讀」、「越王勾踐臥薪嚐膽」等艱苦奮鬥
的故事，到「藺相如完璧歸趙」、「諸葛亮鞠躬盡瘁」等為國盡
職盡忠的故事；以及「李白斗酒詩百篇」、「蘇東坡赤壁懷古」
等文學家的故事……父親不僅講述，而且還有評論，這些忠臣孝
子、刻苦讀書和智慧做事的典範，深深地印入我的腦海中，以後
我在生活中都學會運用。在特定時期，沒有書讀的情況下，這些
歷史的典範仍是我心中的精神支柱。後來，我又把這種精神和這

些故事傳給了兒子。茂森所受的教育有著家庭的傳承。

我們兄弟姐妹四人，在父母的教育下，有兩名成為主任醫生，一名是高級工程師，一名是記者兼主編。在不同的職位上為社會做出貢獻。

茂森的童年時代受到外公、外婆以及舅父、姨媽的影響都很深，他就是在這樣的傳統的教育氛圍裡出生、長大的。

回憶當年，在懷孕期間，我也沒有什麼特別的營養，當時的經濟條件下，物質生活清貧，一切憑票限量供應。布票，我記得是規定每人每年2.3公尺，一年只能做一件衣服的供應量。還有肉票、糖票等等。當時國情是這樣，所以我懷孕期間素食多。

由於母親的言傳身教，以及我懷孕時寡欲清淨的生活，給茂森奠定了一個良好的胎教基礎。國情造成的環境，值得感恩。在茂森以後讀書過程中，特別是出國留學後，遠離父母，還能保持儉樸清淨的生活，遠離一切娛樂場所，特別是我要求他在整個讀書期間，不談戀愛，不結婚，茂森完全做到了。而且還能把自己節省下來的獎學金，每月寄回，孝敬父母。我深深體會到他能做到這些，是完全得力於清淨的胎教。

後來中國傳統文化的書籍多起來了，我才看到古代聖賢的

28

國君，周文王的母親太任，人們評論：「有胎教，致使文王有聖德。」太任在懷孕期間，「目不視惡色，耳不聽淫聲，口不出傲言」。原來母親教我的，正是中國傳統的胎教。

我們兄弟姊妹四人

我還聽到許多朋友告訴我，在懷孕期間，父母都讀儒家的《弟子規》、道家的《太上感應篇》、佛家的《十善業道經》、《地藏經》等，孩子出生以後，童年時代就表現得善良文明，很容易接受教育。

是的，胎教非常重要。做母親的要培養健康的樹苗，日後才能談到為國家輸送人才。

我們民族的命運，是掌握在千千萬萬個母親手中；

我們世界的希望，是寄託在千千萬萬個孩子身上；

母親的責任多麼重大！「千里之行，始於足下」，慎重胎教！

肯定人性本善逆境
惡緣足以消我之業障順境
善緣足以增我之福慧 經云
若能轉境則同如來

淨空
時年七十有六

三

家庭教育的基礎
——孝為德之本

母親：

　　我曾經讀過諾貝爾獎得主楊振寧先生的事蹟。他在數學和物理方面的天賦在中學時代就被他父親發現了。楊振寧先生的父親是教書人，但是楊振寧先生的父親並沒有在數學、物理方面強化兒子的知識，而是在楊振寧讀初中時請了一位出色的國學老師到家中教兒子學習儒家的經典《孟子》。楊振寧先生從頭到尾能背誦《孟子》，他聽老師講解《孟子》，體悟《孟子》，楊振寧先生說他一生的事業都得力於《孟子》給他的思想啟發。

　　茂森青少年時代的家庭教育，得力於中國傳統文化儒、釋、道三家經典有關孝道的教育：特別是儒家的《孝經》，佛家的《父母恩重難報經》，道家的《文昌帝君元旦勸孝文》、《呂祖勸孝文》。

　　在茂森五歲的時候，我在家中的門板上第一次用粉筆教他唐詩《遊子吟》。

兒子：

遊子吟

（唐）孟郊

慈母手中線

遊子身上衣

臨行密密縫

意恐遲遲歸

誰言寸草心

報得三春暉

母親：

這首短短的小詩，寫出了母愛在生活中的細微處，也寫出了兒女對母親的感恩之情。這是茂森的第一次家庭文化課。然而茂森的天資並不聰明，很頑皮、淘氣。這首小詩，他足足學了一個月才會背誦，而且由廣東話改說普通話，一開始說得很糟糕。但我是很有耐心地教他。克服了初期的困難之後，我們的學習速度就加快了。我們共同學習這些儒、釋、道關於孝道方面的經典，有時我講述，兒子聽，有時兒子讀誦給我聽。我們共同進入學習境界，進入孝的氛圍，我們母子都很快樂。對於《孝經》上所說的：「孝子之事親也，居則致其敬，養則致其樂，病則致其憂，喪則致其哀，祭則致其嚴。五者備矣，然後能事親。」這些教誨，茂森牢牢地記住了。

在一九八四年春節，茂森十一歲的時候，在我們家族傳統的春節聚會上，兄弟姐妹們都帶領自己的孩子來到父母這裡，給老人磕頭拜年，獻上禮物紅包，而且各家的孩子都要獻辭。小茂森的發言是——《怎樣孝敬父母》

兒子：

怎樣孝敬父母

《孝經》裡有這樣一段話：「夫孝，天之經也，地之義也，民之行也。」……孝敬父母，一方面是物質上的孝敬，要讓他們豐衣足食，按時給他們一些零用錢，經常給他們買一些可口的食品，尤其當父母患病時，子女應盡全力照顧好老人，也為自己的子女樹立好榜樣。更為重要的就是精神上的孝敬：我們要關心老人，要尊敬他們，有事與他們商量，

尊重他們的意見，使他們精神上感到愉快。

母親：

這是十一歲時茂森在家族春節年會上發言的主要內容。在我們的家庭文化寶箱中，保留著這些資料。

事隔十年，在一九九四年，茂森二十一歲的時候，他正在中山大學讀書，在我那年生日的時候，我收到有生以來見到的第一張特大賀卡，同時也是第一次接到兒子的紅包——用做工讀生的收入孝敬我的人民幣三千元。他在賀卡封面上寫：「獻給我最愛的媽媽，小牛茂森　一九九四年一月二日」。他的賀詞很長，我節錄一些與大家分享。

兒子：

親愛的媽媽：

在我眼裡，您是母親，也是菩薩！

您對我無私無求的布施，

給予我衣物、財帛、吃穿用具，

使我的血肉之軀，從無到有，從小到大，

您教我風度禮儀、人情練達、辦事思維、人生規劃，

您教我走入佛法的殿堂，

教我認識三世因果的道理，

體悟宇宙人生的真諦。

您賜給我智慧和力量，

使我擁有應付命運風浪的勇氣和能力，

立志遠渡重洋，求學深造……

啊！親愛的媽媽，

您是位育我、教我的母親！

您是位度我、覺我的菩薩！

您的恩賜，

不僅使我一生受福，

還使我百生千生受福。

這樣似海的恩情啊，

千生難以圖報！

我要在世間取得大成就，

以此來供養我最敬愛的菩薩媽媽！

兒茂森叩呈

一九九四年元月二日

母親：

　　茂森在中山大學讀書時，利用課餘時間在寶僑（P&G）公司打工，所以才能為我的生日獻上紅包。當時，茂森帶領的大學生自行車廣告隊，為寶僑公司在市內挨家挨戶派送洗髮護髮的試用品。茂森是騎自行車跑遍的。在那個年代，政策規定大學生畢業後，如果不直接在國內服務，而是自費出國留學，那麼四年本科畢業需要向學校交付一萬元人民幣，作為補償國家的教育培養費，茂森為了給家裡減輕負擔，就主動將自己的工讀收入繳付了學校這筆費用。

　　什麼是孝？善事父母是孝。再說的通俗一些：孝，是子女善待父母長輩的倫理道德行為的通稱。

36

《孝經》，是儒家的經典著作，在「開宗明義章第一」，孔子就明確地指出「夫孝，德之本也，教之所由生也」。這裡孔子為我們揭示了：孝，是道德的根本和教育的源頭。

兒子：

《孝經》並不長，僅僅一千七百九十九字，分作十八章。可是它在儒家最重要的十三部基本典籍中（《周易》、《尚書》、《詩經》、《周禮》、《儀禮》、《禮記》、《左傳》、《春秋公羊傳》、《春秋穀梁傳》、《論語》、《孝經》、《爾雅》、《孟子》）是最顯赫的。因為歷代帝王都紛紛為《孝經》作註解，有魏文帝、晉文帝、晉孝帝、梁武帝、梁簡文帝、唐玄宗以及清朝順治、康熙、雍正皇帝等。據說《後漢書・本傳》記載：「漢制，使天下誦《孝經》。」為什麼皇帝都對《孝經》這麼重視呢？因為提倡孝道，能使人民心地淳厚，安居樂業，能使國家長治久安。《孝經》裡就回答了這些問題：「昔者明王之以孝治天下……」儒學以仁為核心，而孝為仁之根本。

《孝經》概括了人一生的行為：「身體髮膚，受之父母，不敢毀傷，孝之始也；立身行道，揚名於後世，以顯父母，孝之終也。夫孝，始於事親，中於事君，終於立身。」一個人的身體，毛髮、皮膚等等，都是從父母那裡得到的，不敢使它們受到毀傷，所以，自愛自重，就是孝的開始。把孝擴大，效忠國家，服務人民。如果能修身行道，建功立業，實現聖人的主張，不但使自己揚名於後世，而且也為父母增光，這是孝的最終目標。孝，開始於事奉雙親，中間經過事奉國君、服務於國家，最後達到立德立功立言，建立千秋功業。

「孝」的層次，是不斷提升的，可以分為「小孝」，「大孝」和「至孝」。能孝敬自己的父母是「小孝」；能孝敬天下所有的父母，全心全意為人民服務是「大孝」；能成為聖賢，普利天下眾生，使千秋萬代獲益無窮，是「至孝」。

母親：

孝，本源於親子之愛，《孝經》上說：「父子之道，天性也。」

在茂森十七歲時，那時還在中學讀書，當他父親過生日時，茂森填了一首詞《念奴嬌‧子承父志》，獻給自己敬愛的爸爸。下面與大家分享這首詞：

兒子：

父親大人：

今天是您生日的喜慶日子，兒感念您養育的恩情，特填詞一首，並用以自勉發奮立志，以報答您似海的恩情之一粟。

念奴嬌　　子承父志

輾轉北南，冒風雨，為國重任永擔。

半生辛苦，鬢已蒼，熬盡人世艱難。

少小淒涼，年長從戰，踏遍瀘粵甘。

保家建國，安圖名利保暖？

曾憶窗前月下，諄諄育愛子，哪計冬伏？

逝者飛逝，轉瞬間，健兒已代小犢。

子承父志，豈懼寒窗苦，願仿鴻鵠。

恩深難報，唯獻鮮英一束。

兒　茂森　敬上

一九九〇年十二月二十三日

母親：

　　孝，在人生中佔有什麼樣的地位呢？道家的《文昌帝君元旦勸孝文》中說：「今日是元旦，為人間第一日，吾當說人間第一事。何謂第一事？孝者，百行之原，精而極之，可以參贊化育，故謂之第一事⋯⋯」

　　【註解　參贊化育：孝，是一切善行的根本，是百善之先，愛心的原點。至誠到了精極之處時，就可以幫助天地化育萬物，可以與天地匹配，並立而為三才（天、地、人）。語出《中庸》第二十二章：「唯天下至誠，為能盡其性。能盡其性，則能盡人之性。能盡人之性，則能盡物之性。能盡物之性，則可以贊天地之化育。可以贊天地之化育，則可以與天地參矣。」】

歷史上的舜王，就是一位把孝做到至誠，「精而極之，可以參贊化育」的典範。據二十四孝的故事記載，舜的真誠孝心感動了後母不再迫害他，感動了大象為他耕田，小鳥為他播種，感動了堯王把女兒嫁給他，後來把王位讓給他。舜因為至孝、純孝，連父母迫害他，他都不生怨恨，反而檢點自己，在家中更殷勤地孝敬父母，關照同父異母的弟弟，感動天下人民都學習他。舜，是因為孝，而獲得家庭的幸福，獲得事業的成功和百姓的愛戴，最後尊貴至帝王之位。

孝德，是第一重要的事。在生活中如何實踐呢？

茂森在美國留學期間，以優秀的成績，獲得學校的獎學金，他每月按時給父母寄三百美元（相當人民幣二千四百元以上），其中給我寄二百美元，給他父親寄一百美元。因為他父親早年與我分手，那時，我們還沒有接觸佛學，他另成立家庭了，而我和兒子在一起。這筆錢，在當時來說，對一個家庭是一份很好的收入了。而茂森自己的生活情況怎樣呢？這裡摘錄一段一九九六年一月七日他在留學期間給我的來信：

兒子：

茂森給母親一九九六年一月七日信：

冬天的路易斯安那州很冷。我們這兒晚上一般都在零度以下，有一天早上起床，竟發現天上飄落許多雪花……目前是最冷的時候，我可以熬過來，便可省些錢，無需買棉被了。儘管冷，我仍然保持每週一兩次的冷水浴。

我目前的學習、生活都較單調，每日穿同樣的衣服，吃

同樣的菜飯，走同樣的路，讀同樣的書。我盡量讓自己在單調中求單調，使躁動的心熄滅。我每日早、晚警示自己安住單調的生活，直至獲得博士學位為止。因為我深深懂得：我來美國不是享受的，而是在欠著父母的恩德，花著父母的血汗錢，若不努力讀書，天理難容！

所以我突然很喜歡寒冷的冬夜，因為在冬夜裡我才能體會「頭懸樑，錐刺股」的精神，才能享受范仲淹斷齏畫粥的清淨。這個星期五晚上，下了一場凍雨，格外的冷，然而我的進取心卻比任何時候都強了。我要以優秀的成績供養父母！媽媽，請您放心，您的兒子向您保證，向您發誓：我一定會孝順您，把孝順放在第一位，把事業放在第二位！

母親：

這信裡說的「把孝順放在第一位」，我們可以理解為：把道德放在第一位，就是《文昌帝君元旦勸孝文》所說的，孝是「人間第一事」。

兒子：

當年，母親給我的回信，這樣說：

母親：

「寒冷能使人如此理智和堅強，感謝路易斯安那州的冬天！感謝清苦、無欲的生活！它使人恢復性德之光！中國六祖惠能大師說：「人的本性（佛性）裡什麼都具有（具有智慧、福德等等），只是人們長久以來迷失，被貪、嗔、癡

的塵土封蓋了，使其不能顯露。」那麼，用什麼方法才能開啟人性的寶藏呢？──用『孝』。這是第一把鑰匙。孝養父母，擴而大之，孝養一切眾生。茂森，你先做一個榜樣，給青年們看看！」

後來，我到美國參加兒子的博士畢業典禮，從同學們的口中才知道，茂森在生活中是處處節省，從各方面節約開支，那段時間，主動停止了冬天的暖氣，堅持素食，每月從學校的獎學金中省下錢來寄回中國，孝敬父母。

兒子：

記得當時為了省錢，冬天也捨不得買棉被，只蓋著從中國帶過去的毛毯過冬，實在冷的時候，就把所有的衣服蓋上，甚至連書本都壓上。我感到，年輕人身上少一點飽暖和安樂，心裡就多一分報恩和進取。孟子曰：「生於憂患，死於安樂」，確實如此。

母親：

每當茂森生日的時候，他總要在給我磕頭之後，讀一遍《父母恩重難報經》，每當讀到下面的句子，他常常是流著眼淚。

兒子：

父母恩重難報經

父母恩深重，恩憐無歇時，起坐心相逐，近遙意與隨。

母年一百歲，常憂八十兒，欲知恩愛斷，命盡始分離。

42

阿娘懷子，十月之中，起坐不安，如擎重擔，飲食不下，如長病人。月滿生時，受諸痛苦，須臾產出，恐已無常，如殺豬羊，血流遍地。受如是苦，生得兒身，咽苦吐甘，抱持養育，洗濯不淨，不憚劬勞，忍寒忍熱，不辭辛苦，乾處兒臥，濕處母眠。三年之中，飲母白血，嬰孩童子，乃至成年，教導禮義，婚嫁營謀，備求資業，

……如斯養育，願早成人……

……父母恩德，無量無邊……

假使有人，左肩擔父，右肩擔母，研皮至骨，穿骨至髓，繞須彌山，經百千劫，血流沒踝，猶不能報父母深恩；假使有人，遭飢饉劫，為於爹娘，盡其己身，臠割碎壞，猶如微塵，經百千劫，猶不能報父母深恩；…… 假使有人，為於爹娘，打骨出髓，經百千劫，猶不能報父母深恩；……

……

欲得報恩，為于父母書寫此經，為于父母讀誦此經，為于父母懺悔罪愆，為于父母供養三寶，為于父母受持齋戒，為于父母佈施修福……

【註解　這裡講的「書寫此經，讀誦此經」的意思是，廣泛宣講孝道。古人印刷術不發達，只能靠書寫經書贈人，沒有演講光碟，只能教人讀誦。今天，不僅要宣講孝道，而且要以身作則、做孝親尊師、立身修道、全心全意為人民服務的好榜樣，這才是大孝，才能真正報恩。】

在佛經《大正藏》中的《大乘本生心地觀經》裡面有這麼一

段話：「若善男子善女人，為報母恩，經於一劫每日三時割自身肉以養父母，而未能報一日之恩。」父母恩深難報，是佛說的。古人對此深信不疑，力行不倦。中國有二十四孝的經典故事，流傳至今，感人肺腑。可是我們今天的年輕人，對商品經濟的概念太強了，而忽視了人類文化的根本──孝道。

母親：

孝，是人之根。比如樹有根。沒有根，怎麼長枝葉花果？

儒家，視孝為第一善（「百善孝為先」）；

佛家，視孝為第一福（《佛說觀無量壽經》云：「當修三福：一者，孝養父母，奉事師長，慈心不殺，修十善業；二者，受持三皈，具足眾戒，不犯威儀；三者，發菩提心，深信因果，讀誦大乘，勸進行者。」）；

道家，視孝為第一事（「人間第一事」）。

行孝，要靠中華傳統文化儒、釋、道經典的教化力量，然而，父母的以身作則，也是最具權威的教育，是無聲的命令，使孩子不令而從。

兒子：

在我們青年學習孝道的座談會上，常常會向大家問一個問題，迄今為止，你曾做了哪些事，讓你的父母最開心，讓你的父母常常回味？

比如，我們年輕人第一次拿了薪水會想到父母嗎？我的外婆告訴我說：「你媽媽第一次的薪水收入，給家裡爸爸、媽媽、哥哥、姐姐每人都買了一件衣服。」這件事，讓我的外婆高興了很

久,而且許多年後,她還會說起這件事。

還有令外公、外婆開心的是:母親對她的哥哥姐姐們的無私幫助,使老人心中歡喜。我的母親在她的兄弟姐妹中排行最小,但是母親總是熱情地幫助哥哥姐姐們以及他們的孩子:解決工作調動,找房子,孩子的轉學、入學等等生活問題。《弟子規》說:「兄弟睦,孝在中。」外婆看到兄弟姐妹能互相幫助,很開心。

還有更令外婆欣慰的事,就是在外公、外婆最困難的日子裡,我的母親始終和他們在一起,分擔痛苦,共度患難。外公在大學裡教書,在文化大革命期間,因家庭出身受到衝擊,被凍結薪資,到粵北山區工作,接受審查。外婆年紀大了,不能去看望外公,而我的舅父、姨媽當時都在外省工作,因此每次都由我母親去送衣送食,安慰在山區工作的外公。母親積極設法為外公落實政策,終於到北京教育部面見部長,陳述理由,遞交報告,最後外公的問題得到「平反」,重返大學教書。在那一段政治壓力很大、經濟生活困難的日子裡,母親始終和外婆在一起,照顧外婆。外婆曾深情地對我說:「你媽媽是和我一起共過患難的。」

《文昌帝君元旦勸孝文》中說:「事富貴之父母易,事貧賤之父母難。事康健之父母易,事衰老之父母難。事具慶之父母易,事寡獨之父母難。」

在外公去世後,外婆寡居的日子裡,母親能常常陪伴在老人身邊,不僅在生活上、經濟上照顧外婆,直至最後送終,而且在精神上安慰外婆,讓外婆開心、愉快。智慧的媽媽,把佛教引進家庭,讓八十歲的老人,心存信仰,意態安和。母親親自給外婆講解生命的痛苦與解脫的方法,介紹生命的最後歸趣──阿彌

陀佛的極樂世界，導引外婆完全接受了這些美善的勸導。在外婆八十四歲的最後日子裡，在生命的最後時刻，母親一直守護在旁，給予臨終的關懷、開導和安慰，使外婆懷著安和的心態，以最美的笑容，安然離去。母親遵照外婆的遺囑，按佛教的形式處理身後諸事。並在七七四十九天內做各種善事，迴向外婆在天之靈。母親為紀念外婆，編寫了一本書《如何念佛為老人送終》。

母親是一位很會欣賞和讚歎自己父母的人。記得在我們家族的聚會上（一九七九年），在外婆六十九歲生日時，母親是這樣讚美外婆的。

母親：

獻給親愛的媽媽

——祝賀六十九歲生日

哪一朵葵花不向著太陽？

哪一個孩子不熱愛自己的娘？

親愛的媽媽，

一個幸福的家庭，

您是舵手，

有了您，

爸爸才有成就！

有了您，

哥哥姊姊才能上大學；

有了您，
我的戶口才能從農村轉回城。

您是我們幸福的泉源！
您是我們成功的後盾！
您是大北路之家的砥柱棟樑！

親愛的媽媽，
您的性格就是：
永遠給予，不求報酬。

您的愛，
像大海那麼深廣。
而我們回敬的，
卻是一滴水啊！
您給予我們生命、學識和財富，
您給予我們溫暖、快樂和幸福。

我們說上帝，
就是指您——親愛的媽媽！
我們說您，
就是指降福於我們的上帝！

小女良玉　敬呈
一九七九年正月

道家的《呂祖勸孝文》說：「世之人，善莫大於孝，不善莫大於不孝……我能孝，自無逆子。子能孝，自無逆孫。」

當我們欣賞自己的父母，讚美自己父母的時候，孩子在旁邊就學到了。記得在一九九二年母親節的時候，我收到了兒子給我的讚美詩（那時茂森十九歲），下面與大家分享。

兒子：

親愛的媽媽：

母親節快樂！

您和爸爸的愛，

長出了我的胚胎，

一團模糊不清的心肉，

損耗了您的生命精華、窈窕青春，
才有了嘴巴、耳朵、眼睛，
創造了未來的大腦和胸懷。
您以痛苦的受難和乳血，
使我從無到有，莊嚴存在！

您教我牙牙學語，
您教我認識世界，
走第一步路，
念第一個字，
讀第一首詩……
您憑著偉大的母愛與超人的遠見，
在我很小時就開始了對我的教育。

您把我送到幼稚園全日班，以鍛鍊我獨立生活的能力。
您在家裡的門板上教會了我唐詩宋詞、ABCD。
您親自教我寫毛筆字。
您是我人生啟蒙的第一個教師啊！

您循序漸進，誨人不倦，
把一個淘氣頑童教養大。
您孜孜不倦輔導我升中學考試，
使我能以優異的成績考入廣州市一流中學——華師附
中。
您猶如一位嚮導，

帶著我走上了光明之路……

我上了大學之後，
您對我又提出了更高要求。
您為我規劃一生的道路，
給我講如何處理人際和社會關係，
提高我的綜合素質，
為我做留學的準備……

您用心良苦，望子成龍。
從衣食住行到書本用具，
處處都有您慷慨的給予。

您無論在精神上還是物質上
都給予兒子很多很多，
這，全是基於您無私聖潔的愛！

如今孩兒的翅膀逐漸硬朗，羽毛逐漸豐滿，
然而飲水思源，
我一切的一切，
哪一點沒有您的關心，愛護，辛勞，智慧，教育和啟
迪？
您是母親中的典範，是我心目中永恆不滅的星斗！
在母親節之際，我要深情地說聲：
「謝謝您，親愛的媽媽！」

兒　茂森　叩敬

一九九二年五月十日 母親節

母親：

孝，是中華傳統文化教育之根，是家庭教育之根。

你看這個「孝」字，是智慧的符號，我們祖先創造文字，寓意深刻。孝，上面是「老」字頭，下面是「子」字，是老一代與子一代的和諧一體。怎麼可以存在代溝呢？怎麼能分開呢？如果分開就沒有孝字了。老一代，追溯上去，還有老一代，過去無始；子一代，下面還有子一代，未來無終，悠悠長遠，綿綿無盡，這就是我們中華民族文化，這就是我們的傳統教育！

一個孩子心中裝著父母，裝著祖先，裝著孝，裝著愛，裝著中華民族精神，學習哪有不努力的？成績哪有上不去的？茂森大學畢業後，做了兩手準備，一方面報考本校——中山大學研究生，另一方面報考了幾所美國大學的研究生。當時（一九九五年），全國各地報考中山大學「世界經濟」專業研究生的考生有一百八十名，考試結果，茂森成績名列榜首。總成績第一名，其中還有兩個單科成績也是第一名，並且同時以優秀的托福成績和GMAT成績，獲得美國路易斯安那理工大學商學院的錄取，成為MBA工商管理研究生，有獎學金的。

我們做父母的都希望兒女成才，那麼就一定要給孩子扎根的教育。孝，就是人根。這個根扎根得越深越好。牢記至聖先師孔老夫子在《孝經》上的教導：「孝，德之本也，教之所由生也。」這是家庭教育的基礎。

四

家庭教育的內涵

——素質教育

52

母親：

何謂素質教育？茂森一九九五年遠渡重洋，到美國留學不久，於十月七日給我來了一封信，我摘錄一段。

兒子：

「來到美國之後，才深刻體會到我過去在中國鍛鍊的素質是多麼有用！因此，我真感謝媽媽對我的培養。我在國內的一切鍛鍊，包括學習、寫作、談吐、演講、交際、英文、做飯、做家務、購物、理財、交友，規劃安排前途，課外向李教授學習，同時承受多種事務……這一切都是那麼有價值。」

母親：

什麼是素質？素質是一個人道德水準、文化教養、身心狀況、生活經驗、辦事能力的綜合品質。

走在大馬路上，我們會看到這樣的醒目標語：「愛國、守法、誠信、知禮、共建和諧社區」——這裡提出的是中國公民的素質，而良好的公民素質來自於家庭教育。

家庭教育如何培養良好的素質呢？——不用到國外去找文獻，中國家教集大成者《弟子規》中列出的七方面教育，就是最良好的素質教育。這七方面的素質教育就是「孝、悌、謹、信、愛眾、親仁、學文」。

這七種素質教育出自儒家經典《論語‧學而》篇，原文是：「子曰：『弟子入則孝，出則弟，謹而信，泛愛眾，而親仁，行有餘力，則以學文。』」這是至聖先師孔老夫子對我們子孫後代

的全面素質教育。

下面我談談這七種素質教育在茂森身上是如何展現的。

茂森在一九九六年美國攻讀碩士的時候，他在五月三日給我的信中說：

兒子：

親愛的媽媽，本週來一連收到您的兩封信，給我在美國的第一個生日帶來了溫馨的關懷和智慧的開示，非常感謝！您的兩封信充滿了智慧與哲理。比如：

1.「到那裡，要學會讚歎主人的優點」——對！我應該在學期結束時寫一封感謝信給我的導師，感謝他對我九個月來的嚴格要求，我從他那裡學到很多經濟研究的知識方法，讚歎他在經濟學領域的成就和嚴謹的治學之風。

2.「耐煩做生活的事」——是啊，我的導師Dr. Darrat阿里教授，是一名知名的經濟學教授，可是日常工作也同別的教授一樣，看書、寫作、備課、教書……沒有別的，唯長期「耐煩做事」而已。我也要學習「耐煩做事」。期末考試又到了，我還要耐煩應考。五月至八月暑假打工，有什麼工作做什麼，老老實實耐煩去做。

3.「用什麼方法開啟人性寶藏呢？」用「孝」。孝養父母擴而大之，孝養一切眾生。——媽媽，您說得太對了！我就聽您的，用我這一生寫出一個光輝的「孝」字！

54

母親：

　　茂森在美國留學期間，每週保持與我通一次電話，每兩週寫一封信給我，每月給我寄二百美元，每年回中國一次看望父母鄉親。

　　有的同學開玩笑地對茂森說：「你打那麼多的長途電話，每年還回中國探親，花費不少啊！如果不這麼花費，你早可以買部汽車了。」可是茂森不這樣看，他寧願在整個留學期間騎自行車，不願意減少與父母的聯繫。所以雖然他遠在大洋彼岸，卻和父母心連著心。

　　是的，不能用金錢和物質的砝碼，來衡量親情和孝心。古人說的好：黃金有價情無價。

兒子：

　　母親知道了同學們說的俏皮話，於一九九六年四月二十五日的來信說：

母親：

　　保持和老家的聯繫，這個做法是心存孝道，養母親之心。古代祭祀，非常隆重，孔子的學生說：「應該廢掉那些祭品，因為花費錢財。」孔子回答：「你愛惜錢財，我更愛惜這種禮儀。」禮儀延續下來，使民心淳厚。茂森兒，你的做法，有古人之風範，我很開心。

兒子：

　　但是，我很慚愧，反思檢討自己，常常做出一些令母親不夠

滿意的行為。比如：我第一次從美國回廣州探親，在出發前，買了不少禮品帶給家鄉的父母親友，但頭髮長長了，卻不捨得剪。心裡盤算，美國剪一次髮要十二美元，我回廣州剪，一次只要十元人民幣。因此，我這個金融專業的留學生，打好了算盤，把頭髮留得長長的，準備回廣州剪。

一路上，三次轉機，從學校到達拉斯，從達拉斯到洛杉磯，從洛杉磯到香港，再從香港搭巴士回廣州。馬不停蹄，風塵僕僕，回到家門口，已是滿臉塵土，又加上頭髮長長的，像個乞丐。母親聽到我的叫門聲，馬上開門，我見到母親立即深深鞠躬，說：「媽媽好，我回來了！」然後一抬頭，看見媽媽從頭到腳乾乾淨淨，整整齊齊，滿臉的笑意。我心裡既高興又慚愧。高興的是，母子一年沒見，今天團聚，不亦樂乎！慚愧的是，好久沒見母親，怎麼今天也沒給母親見到副好樣子？母親把我迎進家中，坐下，母親已沏好茶等我回來了，對我說：「我知道你今天回來，昨天特別去理了髮。」我頓覺無地自容：母親為了讓兒子看到好形象，特別去理髮，自己竟為了省錢不理髮就回來見母親！這不是把那點錢看得比尊敬母親更重了嗎？這怎麼算是「孝」呢？

現在很多年輕人，為了去見異性朋友而打扮得斯斯文文、漂漂亮亮，但是去見父母時，有沒有這個心？《孝經》上，孔子說：「不愛其親而愛他人者，謂之悖德。不敬其親而敬他人者，謂之悖禮。」從那以後，我每次見父母都拿出好形象。

母親：

茂森在美國留學期間，曾經八次組織同學們座談孝道，思

55

念國家，茂森每次舉辦這種座談會，都主動出錢，提供茶水和食品，讓中國同學們相聚得很開心。茂森把在家庭中所學的儒、釋、道關於孝道的經典與大家分享。《弟子規》中說：「善相勸，德皆建」，這些中國學生們在讀誦中、在討論中，常常淚流滿面，都感奮起來，要以修身、齊家、治國、平天下來自勵。大家都表示，要振作起來，努力完成學業。並殷勤打電話給久疏問候的父母，安慰中國的親人。

茂森在暑假期間，到美國北方明尼蘇達州的一個旅遊城Shakopel打工。九個中國同學租一個房間住，睡在地板上。他們每天工作十小時以上，茂森是在一個大型的遊樂園裡製作棉花糖賣。棉花糖是美國小朋友喜歡吃的零食。

茂森是在一個透明的、密封的房子裡工作，機器的噪音很大，每天要站立十多個小時，機器不停地旋轉，唯有上廁所時才能休息一下，打工將近三個月，淨收入三千美元，他給我寄來了一千美元，這是我此生收到的第一筆最大的外匯。讓我們分享一

下他一九九六年七月一日給我的信。

兒子：

親愛的媽媽：

您好！剛剛收到您六月二十三日寄出的信，非常高興。適逢今天打工休息日，便可在住處附近的亭子裡給您回信（屋裡沒有桌椅，不得不出來寫）。這是我們公寓旁邊的一個小公園，全部是鬱鬱蔥蔥的綠樹花草，並有許多雜色的鳥兒及草叢中竄出的野兔，十分幽靜。在這樣鳥語花香而又氣候宜人的環境中，給遠方的母親寫信，有一種說不出的溫馨愉悅的感覺。對兒子而言，再沒有比和母親交流心得更愉快的了。

這一個多月的打工生活，第一感受是：福報來的不容易啊！我們打工是上下班打卡計時的，每一個鐘點都非常精確，每小時收入六‧三五美元。第二「時間就是金錢」，每一個小時已經是明碼實價了，所以每個人都希望在一天二十四小時內多一點時間，花在能賺錢的工作上，而不肯對團體宿舍貢獻一些勞務。結果，是我去義務為大夥洗爐子、洗廁所、去買吸塵器、吸地毯等等……

母親：

接到兒子的這封信，我心中由衷地歡喜！孩子在艱苦的打工生活中還能以感恩的心給母親寫信。在完成十小時的工作之後，還能為團體做點義務工作，我真感到欣慰！孟子說：「堯舜之道，孝悌而已矣。」而孝悌之道是在生活中的點點滴滴中展現。

《弟子規》不是光用來讀誦的,而是真實的生活實踐!不僅在順利的環境中要做到,在艱苦的環境中也要做到!

茂森的外婆是一九九四年去世的,在守孝期間,我們母子開始吃素。等到紀念老人家四十九天之後,我們也就一直堅持素食了。《弟子規》說:「喪三年,常悲咽,居處變,酒肉絕。」當時茂森是二十一歲,一直到今年三十四歲,堅持素食十三年了,我們母子身體都很好。素食確有很多好處,素食影響人的心理和生理。能使人頭腦常常保持清醒、不昏沉,而且使人性格柔和,心地慈善。所以我們母子很愉快地堅持素食。

茂森在留學期間,寫信給我說:「我每天堅持吃素,每月吃的費用(美元)八十元。營養豐富。精力充沛。(主食就是飯,高麗菜、紅蘿蔔、番茄、水果等等)。」茂森在信中還說:「穿衣不講究,心不花俏;飲食不講究,心不貪戀。」落實《弟子規》「對飲食,勿揀擇」;「若衣服,若飲食,不如人,勿生戚」。茂森忍耐每天單調的學習生活:系裡、宿舍、圖書館,三角形移動。實踐《弟子規》所說的「鬥鬧場,絕勿近,邪僻事,絕勿問」。茂森在美國留學期間,不看電影電視,不逛商場,不留長頭髮,不穿奇裝異服,不亂花錢,不亂交朋友,不談戀愛(「七不」)。保持心不浮躁。實踐「非聖書,摒勿視,蔽聰明,壞心志」。能嚴謹專心治學,實踐「朝起早,夜眠遲、老易至,惜此時」,珍惜留學的時光。因此當茂森一九九七年碩士畢業時,全部成績都是A,而榮獲學校五百美元的特別獎。茂森馬上給我寄了二百美元,讓我分享他的成果。真使我做母親的喜出望外。

安住在這種專心清淨的學習生活,茂森提前博士畢業了,他

以四年的時間完成了碩士、博士課程。一九九九年，茂森寫信告訴我「順利完成全部博士課程，一次通過博士資格考試」。在美國，金融博士資格考試，從早到晚，歷時八小時左右，是一個人頭腦、心態、身體、學識綜合素質的全面考核。有的人會因為考試時間太長，身體不適應，頭昏腦脹，心情緊張；有的人因為複習準備的不夠等等原因，不能一次通過博士資格考試。而茂森是幸運者，而這種幸運是來自平時的努力和累積。

兒子：

我好比是一棵小樹，我的背後有一個勤勞的園丁，這位園丁就是我的母親。無論是在母親身邊，還是遠離母親，母親的關懷時時伴隨著我。

媽媽在給我的生日賀卡曾這樣寫道：

> 「茂森兒，我的祝福，將伴隨你走遍天涯海角；
> 我的心願，將附麗於你清淨光明的一生！」

在我博士畢業的前一年，時值二十五歲生日的時候，我接到母親給我的一張非常特殊的生日賀卡，這裡面有我從小到大的，四分之一世紀不同歷史時期的照片，而且母親的祝福也極富有禪味，願與大家分享：

茂森兒：
  祝賀你二十五歲生日
  回頭看看自己的腳印

你反省了什麼？

你又領悟了什麼？

不離佛法而行世法

不廢世法而證佛法

完成人格，成就佛道

慈心清淨，住真實慧

在生活中解脫！

在社會中奉獻！

母親寫於一九九八年春

母親：

《弟子規》的素質教育中有句話說：「凡是人，皆須愛、天同覆、地同載。」茂森在美國留學期間，曾兩次義務去捐血。當時美國醫院很需要健康青年的鮮血，茂森歡喜地捐輸，以此與美國人民結緣了，讓美國人民的血管裡也流淌著華人青年的鮮血。當時的茂森，還只是一個窮學生，但是華人的青年有愛心有熱血，華人不窮！

茂森打電話告訴我捐血的事，我很嘉許孩子的奉獻精神，只要孩子願意為大眾服務，我做母親的一律支持！母親要呵護孩子的一切善念，隨喜讚歎孩子的一切善行。這樣做，是不是吃虧呢？不是，絕對不是！從自己的角度講，鼓勵孩子這種為他人奉獻的精神，那麼孩子的心量會開闊，素質會提高，道德精神會昇華。從他人的角度來說，能幫別人獲得利益。這是自利利他。所以為大眾奉獻，就是自利利他。

南無阿彌陀佛

茂森儿:
祝賀你25歲生日
回头看看自己的脚印
你反省了什么?
你又領悟了什么?

幼儿园　小學　中學
廣州中山大學學士
碩士
美國路易斯安娜州理工大學(工商管理)

寄語茂森儿:
不离佛法而行世法
不废世法而証佛法
完成人格,成就佛道
為你的生日增添一點浪漫的情調
為你的歡樂增添一片美麗的光華
敬祝生日快樂
Happy Birthday
慈心清淨,佳更智慧
在生活中解脱
在社会中奉獻

博士研究生
美國路易斯安娜理工大学(金融)

如意吉祥
母親写于
1998年春.

圖說:左上角是母親照片;荷花中的嬰兒表示十月懷胎;幼稚園—小學—中學(華師附中,一流中學)—大學(中山大學,重點大學)—碩士—博士研究生(美國留學);下方是我們母子登長城時的照片。
寓意:在前進的道路上不斷攀登。

62

　　茂森在讀博士研究生時，發現學校金融系沒有提供為研究生從事學術活動的經費，比如博士研究生若跟隨導師去參加學術交流會議，所有的費用包括會務費、住宿費、交通費等等全部由學生自己負責。茂森向學校提出申請，要求設立研究生的學術活動基金。並向校方表示，畢業後參加工作，將每年為這個專案提供一千美元贊助，並希望校方早日成立該項專案。

　　茂森博士畢業後，即順利地應聘於德州大學教書，第一次領薪資時，立即匯款給母校，《弟子規》說：「凡出言，信為先。」當時母校商學院的金融系主任安德森教授，收到款後，對茂森的這份愛心十分讚歎，對他這種履行諾言的作風，豎起了大拇指。這件事促進了母校對博士研究生的學術活動基金項目之設立，使後來將畢業的同學，就可享受到這種待遇了，茂森連續五年，每年為這個基金捐款一千美元。由己推人的這份愛心，是至聖先師孔子教的。

兒子：

　　孔子教「仁」：

　　「仁」字含兩個人，想到自己，也想到別人，關心自己，也關心別人。《論語》記載：學生樊遲向老師孔子問：「什麼是仁？」子曰：「愛人。」「凡是人，皆須愛」。

母親：

　　在《弟子規》的素質教育中說：「能親仁，無限好，德日進，過日少」。接近有道德有學問的老師，是我們進行素質教育的一個很重要的方面。

我非常留意茂森的老師和同學，從小學到大學，每次的家長會，絕不缺席。特別注意他的校長、年級組長老師、班主任以及各科老師的氣質、談吐、工作的責任感，和注意聽取他們反映孩子的優缺點。其中發現優秀的老師，我一定帶孩子登門拜訪，我很願意讓孩子接近這些優秀的老師，聽他們的談話，看他們的待人接物，讓孩子感受他們良好的素質。

茂森讀大學時，中山大學嶺南學院院長王屏山先生，是一位教育家，我時常帶孩子到他家拜訪。王院長談起教育是興致勃勃，毫無倦怠，他的教學計畫，他對師資的要求，對學生的期望等等，會在交談中滔滔不絕流出。老院長的敬業精神和對教育事業的熱愛，對年輕的茂森來說是一種良好的薰陶。

茂森小學的班導師，中學老師、校長，大學的系主任、院長，只要我認為是優秀的，沒有不禮敬拜訪的，而且一定是帶著孩子去，讓孩子看看這些優秀的教育者走下講台之後的言行舉止，讓孩子學習，讓孩子感受。

我的眼光還移向校外，我在工作中和社會活動中認識到優秀的老師，也禮請到家中賜教。有一次，我參加一次演講活動，主講人是美國芝加哥大學社會學方面的一位教授，而擔任中文翻譯的是廣州外語學院的陳老師。這位年輕的陳老師，英文水準很高，他的翻譯快速準確又文雅。我心中非常讚歎！我想：我的兒子要是能得到這位老師的指導有多好。演講結束後，我就走到陳老師面前，讚歎他的出色翻譯，而且勇敢地表達了一個母親的心願：希望我的兒子在英語學習上能得到他的指導，我邀請他能抽空到我家來，給孩子們（包括一些親友的孩子）談一談如何學好英語。這位陳老師真是充滿愛心，他的心量和氣質不凡，我雖與

他初次見面，他卻答應了我的請求，星期天，真的到了我家裡來與孩子們座談，指導英語學習，他完全是義務的。後來我聽說這位陳老師已經是廣東外語外貿大學的副校長了。

尋找優秀的老師，在校內，在校外，我的眼光也移向了社會和宗教。一九九〇年，在父親去世後的悼念日子裡，為了緩解母親的哀思，我陪著八十歲的老母親來到廣州最大的寺院——光孝寺散散心。這是我一生中第一次正式走進佛門的寺院，第一個見到的正式的出家人是方丈本煥老和尚，後來才知道，本煥老和尚是全國著名高僧。他今年一〇一歲，還健在。本煥老和尚安詳寧靜的氣質，讓我和母親的心緒平和了很多。正巧十一點，他們開飯，於是老和尚又留我們一起吃了素食。以後我就帶茂森到寺院去見他，讓當時還在讀大學的孩子，看看德高望重、清心寡欲的老和尚形象，讓孩子跟出家人說說話，請教些問題，在寺院吃素食。

不久，淨空老法師到光孝寺講《阿彌陀經》，我們傾聽了五天，我看到一位光彩照人的出家法師的形象，心中很敬佩，並打電話叫茂森來見法師（茂森當時在廣州中山大學讀書）。但是老法師在光孝寺逗留的時間很短，所以匆匆之間，不能多談。

以後幸運的是，茂森出國留學，所在的大學與淨空老法師在美國的道場——達拉斯淨宗學會很近，我告訴孩子，常到佛門裡走動，學習清淨自律。所以茂森利用假日，常去達拉斯淨宗學會做義工，吃素食，參加放生護生活動，恭聽淨空老法師講經說法。慢慢地知道了這佛經裡可有大學問了：宇宙是怎麼形成的？人生的痛苦與幸福是怎麼造成的？為什麼會有人富貴，有人貧賤？有人幸運，有人不幸？等等問題，居然在佛經裡都有答案。

才知道佛經裡有智慧，佛教是一種教育。

兒子：

佛教，是西元67年從印度正式傳入中國（東漢明帝永平十年）。釋迦牟尼佛，原來是古印度的一位王子，因看到生活中的生老病死等現象，人人無法迴避而感悟，於是捨棄了王位，離開了眷屬出家修道，最後證道，斷盡煩惱，徹悟心源，使心中本具的智慧光明圓滿顯發，成佛。

佛教，是釋迦牟尼佛的教育，簡稱佛陀的教育。

佛教，教我們什麼呢？教我們認識宇宙人生。人生，就是我們自己；宇宙，是我們生活的環境。佛教是覺悟的教育，內覺人生本身，外覺宇宙環境。覺則支配人生宇宙，得大自在，獲大解脫；不覺則被人生宇宙支配，受它束縛，不得自在。所以人人都應該接受佛陀教育。

佛教的教育綱領，就含在「釋迦牟尼佛」這個名字裡。「釋迦」，含有仁愛慈悲的意思，佛能給眾生以安樂，能拔除眾生的痛苦；「牟尼」含有寂默清淨的意思，佛在因地修行，能迴光返照，斷除煩惱，圓滿智慧。所以，佛教是慈悲仁愛智慧的教育，是聖哲的教育。

什麼是佛教？「諸惡莫作，眾善奉行，自淨其意，是諸佛教」。

【註解：「諸惡莫作」：一切違法亂紀、損人利己的事不做；「眾善奉行」：一切利國利民、利益眾生的事都去做，那麼肯定是社會和諧、世界和諧，有幸福美滿的人生。

「自淨其意」：清淨身口意三業，「和諧世界，從心開始」，心淨則國土淨，心安則眾生安，心平則天下平。「自淨其意」是恢復「何期自性，本自清淨」的狀況。佛門裡有許多方法，讓人能「自淨其意」；或透過參禪打坐，或透過誦經念佛等等法門，來淨化自己的心。】

佛教教學的最終目的，是幫助人恢復本有的圓滿大智慧。有了圓滿的大智慧，就能解決人生宇宙的一切問題，真正能離苦得樂。

佛教的教育，是佛陀對九法界眾生至善圓滿的教育。孔子的教育，是講一世的，從生到死的教育；而佛陀的教育，是三世的教育，講過去世、現在世、未來世。

母親：

茂森親近淨空老法師，接受佛陀的教育，做媽媽的發現孩子的胸襟開闊起來了，心地愈加善良，智慧愈加成長。佛教的內容極為豐富，而根本的基礎是「十善業」：不殺生，不偷盜，不邪行，不妄語，不兩舌，不惡口，不綺語，不貪欲，不瞋恚，不邪見，十種基本美德。茂森在生活中學習以十善業自律。

在留學期間，茂森也希望家鄉的親友們，能學習到這些善知識的教導。他把美國達拉斯淨宗學會設備更新後剩下的一部錄音帶複製機（一拖三），帶回廣州（那年暑假，茂森由美國回廣州探親，甚至連自己的衣服一件也沒帶，就只是帶這部機器回來）。並在香港買了電壓轉換器，然後送給廣州佛教協會（當時是雲峰會長受理此事），希望能複製講經說法的錄音帶，使更多

人覺悟。

「能親仁，無限好，德日進，過日少」，接受聖賢的教育，使我們能完善自我，而達到忘我、無我。這方面的好處，我還會在「四種教育兼收並蓄」中更詳細的介紹。

《弟子規》素質教育中，最後提到：「有餘力，則學文。」茂森在讀中學（初三畢業）放暑假時，我指著書櫃對他說：「假期裡，你把書櫃整理一下，選出幾本書看看。」茂森居然選擇一套《中國哲學史資料選輯》來閱讀，書中對儒家學說的四書五經，以及老子的《道德經》等都有詳細介紹。這無形中給茂森日後弘揚傳統文化打下了良好的基礎。

這裡請茂森把過去所學的儒家和道家的思想簡單扼要地介紹一下。

兒子：

儒家思想是中華文化的根源，沒有儒家思想，就沒有中國文化。儒家思想究竟包含哪些基本內容呢？《漢書・藝文志》中曾有幾句話概括說：儒家思想「游文於六經之中，留意於仁義之際，祖述堯舜，憲章文武，宗師仲尼……」

這段話中有四個關鍵字：

（1）六經

（2）仁義

（3）堯舜文武

（4）仲尼

這就是儒家思想的四個基本要素。

（1）六經——是儒家的六部經典：《詩經》、《尚書》、

《儀禮》、《周易》、《春秋》、《樂經》，其中《樂經》早已失傳，現在剩下五經。漢朝，漢武帝「罷黜百家、獨尊儒術」，所以儒家思想文化是中國的正統思想，至宋朝時，朱熹從儒家著作中選出《大學》、《中庸》、《論語》、《孟子》，而編成《四書集注》，一直被帝王定為國家考試的內容，直至清朝末期。

（2）仁義──儒家思想的兩個核心範疇。

《孟子・告子上》篇中說：「仁，人心也；義，人路也」。所以教導人內心存仁，而行事循義。

（3）堯舜文武──這四位帝王是儒家所尊崇的古代聖王的典範。

「堯舜之道，孝悌而已矣」。儒家推崇「自天子以至於庶人，壹是皆以修身為本」，談到修身，是「首孝悌」。堯舜二帝，樹立了「以孝治天下」，「以德治國」的典範。周文王、周武王制訂了完善的典章禮儀，以禮樂教化百姓，是「建國君民，教學為先」的典範。

（4）仲尼，即孔子，名丘，字仲尼。（西元前551～前479年），魯國人，今山東省曲阜，享年七十三歲。是儒家的創始人。儒家的六部經典據說是經過孔子親手刪訂和整理的。孔子之前，數千年的文化，因為有孔子而得以流傳；孔子之後，數千年的文化，也因為有孔子而得以開啟。所以人們讚歎：「天不生仲尼，萬古如長夜。」又贊：「德侔天地，道冠古今，刪述六經，垂憲萬世。」歷史學家司馬遷讚歎：「可謂至聖矣！」（《史記・孔子世家》）紀錄孔子言論的這部《論語》被譽為華夏聖經。

以上是對《漢書》裡所提到儒家思想四個要素：六經、仁義、堯舜文武、仲尼的簡單介紹。如果把儒家比作是一棵大樹，那麼這四個要素，好比一棵大樹的四個枝幹，而其根，則在《弟子規》中。沒有《弟子規》的基礎，上述的四個要素也沒有辦法做到。那麼《弟子規》講的什麼呢？我們前面介紹過，是做人的基本素質。

如果說，儒家思想是中國傳統文化的主流，那麼道家精神就是滲透在中國文化中的潛意識。儒家入世精神強，道家超世特點濃。

道家思想以老子、莊子為代表，尤以老子的《道德經》舉世聞名。道家精神，一言以蔽之，就是「道法自然」，這個自然，不是指自然界或自然科學，而是指一種宇宙空寂的自性本體，無法用語言文字表達。道家提出的「無為」，不是說人無所事事，而是教人心裡放下得失分別，順應自然而不妄為。

我當時學習《道德經》，對文章的開頭一句和最後一句，印象很深。《道德經》文章開頭一句是，「道可道，非常道；名可名，非常名」（凡是說出的、叫出名字的，都不是永恆的道）。而文章最後一句，「聖人之道，為而不爭」，即聖人的道理和做法是努力為大眾做事而不爭功，不爭名，不爭利。我們可以透過這兩段話多少體會一下《道德經》自然的風格和達觀的態度。《道德經》與《論語》，都是中華文化的精華。

而道家的根，在《太上感應篇》，這是一部講因果報應、自然感應真相的典籍。因為只有深信因果報應，才能循著自然而行事，才最終能做到「道法自然」，「為而不爭」。

母親：

　　書是人類進步的階梯，古人說：「以書養德」，「開卷有益」。家中要有些藏書，給孩子提供一個學習氣氛，對孩子養成讀書的習慣有良好的影響。前不久，我們看到汕頭市委宣傳部等，於二○○七年五月二十七日舉辦了「書香伴我行」家庭讀書論壇，提出「與書本為友，與知識為友，打造書香家庭」。論壇上，特別研討了「如何幫助孩子養成良好讀書習慣」，這些活動都可以幫助落實《弟子規》中「有餘力，則學文」。

　　以上是家庭對孩子的種種素質培訓，包括孝、悌、謹、信、愛眾、親仁、學文七個方面，我們深深的體會到，《弟子規》是家庭教育素質培訓的優秀教材。

五

家庭教育為龍頭

——學校教育、社會教育、聖哲教育兼容並蓄

72

母親：

　　家庭，是孩子的第一課堂，也是孩子永久的課堂；母親是孩子的第一任老師，也是孩子永久的老師。即使父母不在了，孩子看到父母的照片，還會回憶起父母的教導。

　　老舍先生，是我國著名的現代小說家、戲劇家。其中他的作品《駱駝祥子》、《茶館》在中外享有盛名。老舍先生一歲半的時候失去父親，母親帶著五個孩子生活，起早貪黑，替別人洗衣、縫衣，賺點錢維持生活。老舍發奮圖強，後來當上了大學教授，成了著名的文學家。他回憶自己所受的教育說：

　　「從私塾到小學，到中學，我經歷過起碼有幾百位的老師，其中有給我很大影響的，也有毫無影響的……但是，我的真正教師，把性格傳給我的，是我的母親。母親並不識字，她給我的是生命的教育。」

　　老舍先生的母親，是一位勤勞、儉樸、善良、待人誠懇的婦女，也是一位堅強的母親，她把這些優秀的品質傳給了老舍，使老舍事業成功，使老舍成為人民的文學家。

　　我們可以看到：家庭教育是根本，是龍頭，學校教育是家庭教育的延伸，社會教育是家庭教育的擴展，聖哲教育是家庭教育的提升。

　　在茂森高中畢業那一年（一九九一年），他給我的生日賀卡中這樣寫道——

兒子：

　親愛的媽媽：

　　祝您生日快樂！

當我穿著媽媽給我的瀟灑的衣褲時，
當我戴上媽媽送給我的手錶時，
當我接受媽媽給予我的一切一切時，
我感受到母愛的撫慰、母愛的潤澤。

當母親幾年前就為我醞釀大學考時，
當母親給我定下「全班奪魁」，而今實現時，
當母親一次次對我講授做人的道理時，
當母親教我去惡揚善、決策人生時，
我感受到母愛深層的涵義，母愛的昇華！

在我眼中，
母親不僅是兒子的保護神，
還是兒子的嚮導，
如果說，兒子是大風大浪的人生海洋中的一隻小船，
那麼母親便是這船上的舵手！
……

母親：

　　在座的母親們聽一聽，我們肩負著什麼樣的使命啊？我們
是孩子的嚮導和舵手！孔子三歲喪父，假如沒有賢良的孔母，豈
有至聖先師孔夫子？孟子四歲喪父，假如沒有孟母三遷，斷機教
子，豈有亞聖孟夫子？

　　所以好孩子是教出來的，好作風是帶出來的，好成績是幫出
來的，家庭教育重要，母親的責任重大！古語說：「母教為天下

太平之源。」

在家庭教育方面，除了我們在前面提到的一些基礎教育和素質教育之外，在生活的細節和關鍵處，我們都要把握好。

所謂把握關鍵處，就是要讓孩子知道如何做人，對道德有一個完整的概念。什麼是道？什麼是德？我們的祖先在四千五百年前，就教我們認識人倫大道：父子、君臣、夫婦、兄弟、朋友五倫。每一個人的一生都離不開這五種關係。處理好這五種關係，就是安身立命之學，是國泰民安、社會和諧的基礎。

如何處理好這五種關係？中國傳統教育給我們的經驗是：父子有親、君臣有義，夫婦有別（主內主外有分工），長幼有序，朋友有信。更具體的就是做人要遵循古八德，古八德就是我們做人的原則。這八德就是孝、悌、忠、信、禮、義、廉、恥。

請茂森介紹一下八德的涵義——

兒子：

1.孝：德之本也，源於五倫道德中的「父子有親」。善事父母曰孝。把孝心擴大，是服務人民。

2.悌：德之序也，源於五倫道德中的「長幼有序」。善事兄長、友愛兄弟曰悌。把悌的精神擴大，是尊重師長，在工作上要尊重領導，與同事和諧相處。

3.忠：德之正也。「唯正己可以化人」，「盡己之謂忠」，源於孝，移孝於國於民就是忠。

4.信：德之固也。強調做人做事要誠信，民無信而不立。源於五倫道德中「朋友有信」。擴大於社會，是為人處世要講信用、信譽。

5.禮：德之範也。規範儀則、禮節。源於五倫道德中「夫婦有別」、「長幼有序」，擴大於社會是遵守法律、規章制度及禮節。

6.義：德之宜也。行事所循之路。源於五倫道德中「君臣有義」。擴大於社會，見利思義，義然後取，不能見利忘義。

7.廉：德之節也。是指氣節清高、品行廉潔，「人到無求品自高」。源於「禮」、「義」。擴大於社會，是指廉潔守法奉公。

8.恥：德之基也。指羞恥心，聞過自愧之意。「知羞免愧，歸於天良」。源於五倫道德全體內容，如果上面的「孝悌忠信禮義廉」七方面沒做好，要感到慚愧和羞恥。擴大於社會，諸惡莫作，不做一切違法亂紀之事。

這八德是做人的原則。

社會主義的榮辱觀——八榮八恥，正是這古八德的現代化。

八榮八恥與古八德是一體的：

1.以熱愛國家為榮，以危害國家為恥——忠

2.以服務人民為榮，以背離人民為恥——孝

3.以崇尚科學為榮，以愚昧無知為恥——信

4.以辛勤工作為榮，以好逸惡勞為恥——恥

5.以團結互助為榮，以損人利己為恥——悌

6.以誠實守信為榮，以見利忘義為恥——信、義

7.以遵紀守法為榮，以違法亂紀為恥——廉、恥

8.以艱苦奮鬥為榮，以驕奢淫逸為恥——廉、恥

母親：

茂森去年（二〇〇六年）在業餘時間以此為內容講《明道德、知榮辱》的報告，曾應邀在許多大學做演講，很受歡迎。二〇〇六年，由北京中央黨校監製錄影，作為全國各地黨校社會主義榮辱觀學習資料；以做人的道德原則為內容的《幸福成功的根基》的報告，在二〇〇六年南京演講時，由中國婦聯兒童德育中心錄製，作為全中國一千個德育課室的學習資料。

家庭教育所謂把握生活細節，是因為「教育無小事」，特別提醒年輕的母親，要讓孩子學習做家務工作和有時間整理自己的生活事情。因此，我們不要給孩子安排太多的課外補習班、課外技藝學習班（例如鋼琴、繪畫、書法、武術、舞蹈等），不要把孩子變成一個學習機器，應該讓孩子有時間參與生活。

茂森在小學四年級時，有一天，我下班回來，開門的時候，小茂森鞠躬並伸出一隻手說：「媽媽，請……」我一看，桌上已備好了飯菜，有炒蛋、炒青菜，飯也煮得很好。我很驚喜，這是茂森第一次主動獨立做好飯菜，孝敬父母，所以我的印象很深。平時，孩子也幫助家裡掃地、倒垃圾、挑菜、洗菜、洗碗，到附近的雜貨店買醬油、醋等。孩子有時間觀察父母做家務，所以他慢慢地就學會了。會做家務的孩子，頭腦會變得聰明。

放寒暑假，我們帶孩子到農村爺爺、奶奶家裡參加農活工作，看看農村的孩子，看看稻子是怎樣從地裡長出來的，看看蔬菜是怎樣長出來的。現在問孩子，米是怎麼來的？許多小朋友只會回答：「超市。」難怪古人歎息：「誰知盤中飧，粒粒皆辛苦」啊！童年的茂森，喜歡在農村活動，喜歡光著兩隻腳，踏在泥土上，也喜歡爬樹，在小河溝裡游泳，領略鄉下的生活。我從

來沒有給孩子買過任何玩具，廣闊的大地，就是他玩耍的地方。

茂森的自立精神比較強。因為他從三歲起，就被送到幼稚園全托。那時候，政府規定只休息星期天，所以我是在週六下午下班時，才接小茂森回家，星期一早上，就又送他去幼稚園。群體生活對孩子的成長促進很大。第一週回家，我看到小茂森變得有禮貌了，睡覺前會主動把衣服摺整齊、鞋子擺好，才上床睡覺。那是在廣州市第一幼稚園，這所幼稚園條件很好，有園林和小游泳池。每個班都配有老師和阿姨。茂森在這所幼稚園裡學習了三年（三～六歲）。

當週末，我接孩子回家時，我們母子是步行回家，要穿過一座公園（廣州越秀公園），由南門到北門，約走四十分鐘。我讓小茂森自己背著書包走。公園裡一位散步的老太太說：「哎喲！孩子這麼小，怎麼能讓他背書包呢！你大人幫他拿著啊！」我只好微笑，接過書包，但是老太太走遠了，我又把書包交給茂森背。

茂森從小鍛鍊，跟我步行、游泳，跟我早起晨練，所以身體很健康。在中學時代和大學時代都是學校籃球、跳高、游泳運動員，在廣州市大學生游泳比賽中多次獲獎，而且養成晨練的習慣。他在中山大學讀書的時候，還獲得了一千五百元的體育獎金（這在當時還是令人羨慕的一筆錢呢）。我們做母親的要重視在生活中，培養孩子的良好習慣。良好的習慣是一生的資本啊！

在日常生活中，我從不問孩子喜歡吃什麼東西，我做什麼飯菜，孩子就吃什麼。在整個讀書時期，也沒有給孩子買什麼名牌衣服。長久的生活習慣，已養成茂森從來沒有向父母索要過什麼。給什麼吃什麼，給什麼衣服穿什麼衣服。現在有些家庭把獨

生子女培養成「小皇帝」、「小公主」，孩子的享受超過父母和老人，孩子的愛好取捨，成為整個家庭的中心，這是件很遺憾的事。

中國人的童年是惜福，青中年造福，晚年享福。所以不能給孩子太優越的物質生活，一般般就行了。孩子在生活上能刻苦，在學習上就能刻苦，在事業上就有毅力取得成就。

我從不用物質刺激的方法，鼓勵孩子爭取考試高分數，但是我會很關心孩子班裡的同學，哪個最優秀。我會把這些優秀者請到家裡來做客，讓他談談怎麼學習數學、語文、英語等功課，而且把我親友的孩子們也都一一請來，一塊參加家庭座談會，形成一個良好的學習氛圍。我提供茶水、食品、午餐，孩子們都很愉快。茂森看到他的同學備受尊重，所以認真聽取別人的經驗。這些座談會結束之後，沒過多久，茂森的學習就超過了那位同學。茂森的很多同學和朋友都到過我家裡，被當作尊貴的小客人接待，以後比茂森高年級的優秀同學也請到家裡。這些被請來的同學，在茂森的心目中，已經成為追趕和超越的目標。

《弟子規》說：「見人善，即思齊，縱去遠，以漸躋。」所以不需要用物質刺激，不需要用重賞，去激勵孩子上進。有的家長許諾孩子，你考一百分，就給多少錢，或者給他買名牌運動鞋、衣服等等，這千萬使不得。不能用名利污染孩子的心，學習好是應該的，是學生的本分。《弟子規》說：「唯德學，唯才藝，不如人，當自礪。」但是我們做母親的要善於引導孩子自強自勵。

家庭教育，要訓練孩子外出辦事能力。茂森高中畢業，等待大學考放榜之前，正好這時，我接到一份會議通知，是到杭州

參加全國高級公共關係及管理藝術研討會。因為當時我的工作很忙，無法去參加這次會議，而公司也抽調不出別人參加。我就決定利用這個會議通知，讓孩子自費去參加這次活動。茂森當時是高中畢業（一九九一年），從來沒有一個人出過遠門，更沒有參加過這些高級會議。

我對孩子說：「你平常不是說希望有鍛鍊的機會嗎？現在機會來了，你準備好衣物和筆記本，前往杭州開會。」茂森開始時愣住了，但很快就投入了準備工作，自己去火車站購票，整理行裝。我叮嚀孩子：「你要認真參加這個會議，做好筆記，參加這次會議的人都是全國著名的專家、學者及各大學的教授，你要虛心學習，你就代表我去開會。回來後，向我們傳達會議內容，到時請家族的親友們都來聽取你的報告。」

茂森知道了自己的使命，精神煥發起來。我提醒孩子，路上要小心，照顧好錢包和東西，下車的時間是夜裡，要記得跟列車員聯繫，不要睡過站！然後就放手讓孩子出去鍛鍊一下。

七、八天後，茂森平安地回來了。向我歡喜地講述在杭州、上海一帶的活動，以及與專家、學者們交流的情況。這是孩子第一次到杭州、上海。星期天，所有親友們都來聽取茂森傳達會議精神。茂森的筆記記得很認真、很詳細，傳達得也非常好。親友們（不僅包括與茂森同齡的孩子們也包括他們的父母），都很愛聽。我在一旁觀察，我發現了孩子的氣質，很適合當一名教授，我當下就有一種願望：我要把這個孩子培養成教授，我要當教授的母親。這是我的事業，而且是更重要的事業！

母親培養孩子是更重要的事業！

大學考放榜了，茂森以優秀的成績考上了自己的第一志願

——中山大學嶺南學院國際金融貿易系，這在當時是錄取線最高的科系。十八歲的茂森給我寫了一張感恩卡，在這裡與大家分享。

兒子：

親愛的媽媽：

回首往事，您多年的培養，才使我能在這嶺南第一學府——中山大學讀書，使我在中大最好的科系深造。在感恩之際，我想用一句話表達我感恩之情：「誰言寸草心，報得三春暉。」

母親：

他還附了一首詩，這是位中國現代詩人寫的，很有味道。題目是《母親的愛》。

兒子：

母親的愛

我們也愛母親，

卻和母親愛我們的不一樣。

我們的愛是溪流，

母親的愛是海洋。

我們的歡樂，

是母親臉上的微笑。

我們的痛苦，

是母親眼裡深深的憂傷。

我們可以走得很遠很遠，

卻總也走不出母親心靈的廣場……

母親：

作為家庭教育和文化生活，我們會經常召集家族親友的孩子們開學習座談會，許多優秀的同學、老師會被請來介紹經驗，另外就是旅遊活動和孝親悅親活動。

登名山臨大川，飽覽國家壯麗的山河，開拓眼界和胸懷，培養愛國主義情操。這是我們每個人都嚮往的。有時我帶孩子一塊兒去，有時我工作忙，讓孩子跟著親友們去。

有一次茂森跟著他舅父一家人去旅遊。十三歲的茂森（初一），離開父母，變得更懂事了。他在旅途中會主動給我們寫信（在我們的家庭文化寶箱中保留著）。現在把這封短信讀一讀，看看十三歲的孩子離家以後是怎樣感受生活的。

兒子：

親愛的爸爸媽媽：

你們好！已經五天沒有見到你們了，你們身體好嗎？現在我們一行已安全到達眉山了，請你們不用掛念！

我們乘廣州快車到西安，參觀了一些名勝古蹟，如鐘樓、大雁塔，使我們「仰觀宇宙之大」。我們在西安的旅舍裡住了一夜。第二天便乘上由西安到成都直達快車，在火車上熬了一夜。到達成都後，我們吃了成都有名的「張鴨子」、「賴湯圓」等小吃，使我們「俯察品類之盛」。下午

八點多到達眉山了。想起來，我們從廣州到眉山，在火車上的情況是越來越艱苦：從廣州到西安是臥舖，從西安到成都是座位，從成都到眉山是站著的。

我們來到眉山，準備到「三蘇公園」、「樂山大佛」、「峨嵋山」等旅遊勝地遊覽。總而言之，我們的旅遊生活一定會過得非常愉快的。

祝你們工作順利，身體健康！

你們的兒子 茂森

一九八六年七月二十五日

母親：

我們從這封信裡，可以看到，第一，孩子離家後是很懷念父母的，對父母的眷戀之情躍然紙上，在旅途中是主動寫信給家裡；第二，看到孩子遇到艱苦的環境，沒有抱怨，小茂森的旅途由火車的臥舖變成了座位，由座位變成站著，沒有叫苦，而是高高興興地面對生活。我們培養孩子，就是要培養他們永遠樂觀地面對生活。第三，孩子能夠隨順周圍的親友，與表兄弟姐妹能和睦相處，據他舅父反映，茂森一路上都很聽話，自立性很強，善於照顧好自己而且總是歡歡喜喜的。

對於孩子，我有一個體會，有時讓他離開父母鍛鍊一下，他會成熟得更快，也才會更珍惜父母的愛。在學校，讓孩子讀有字之書，而外出旅遊參學，讓孩子去讀無字之書，對孩子的成長都很重要。

我們現在大多數是獨生子女家庭，所以家庭教育，不單是母親對著孩子，孩子對著母親這麼單純的事，還要把眼光更多的投向老人，開展孝親悅親活動。而且在孝親悅親的活動中，孩子的道德品質會自然而然的提高。

孩子有爺爺、奶奶、外公、外婆四位老人。老人身上有中國傳統文化的素質。老人的一舉一動，一句叮嚀的話語，都會對孩子有教化和提示作用。我們年輕的父母，要更多地看到老人的優點，讚歎老人的優點，那麼每次與老人接觸，孩子們就會把注意力集中在這些優秀的東西上。而且常和老人接觸的孩子性格平和、開朗、不孤僻、有親情、懂生活。

我們到鄉下去看望茂森的爺爺奶奶，雖然他們沒有什麼學識，但是我們讚歎老人勤勞、樸素，跟老人學習農業工作、生活知識，到外公、外婆那裡，我們讚歎老人的知識水準、教育修養，跟老人學習歷史、知識。每次帶孩子去看老人，張羅買禮物，給孩子穿上整潔的衣裳，讓孩子準備好見老人之後應該說什麼話，獻上什麼節目，讓孩子記住老人的生日等等，這些都是對孩子的生活教育。這些孝親悅親活動使茂森從小養成了尊敬老人的習慣。

在我的父親八十大壽時，茂森十七歲，他寫了一首《老人頌》獻給外公，在這裡與大家分享。

兒子：

老人頌

——外公八十大壽抒懷

84

我們慈愛的老人，
已度過八十個春秋，
他們走過了艱難的歷程，
承受過風雨的洗禮，
苦難漂白了他們的頭髮，
風霜在額頭上刻下痕跡。

然而，他們並沒有躺在過去的成績上，
卻時時為孩子們端上可口的飯菜，
仍然冒著傾盆大雨，
來到即將投考高中的孫兒家中，
為他們進行決策和參謀，
雖然老態龍鍾，拄著拐杖，
但一直沒有停下腳步，
他們不需要我們在身旁侍奉，
反而時時催我們自新，激我們奮進。

老人啊，您是一部珍貴的文獻，
生理上的衰老，
有如模糊的字跡，
但深刻的內涵，
卻無法抹去。

老人啊，您是為後生指明方向的航燈，
引導我們避開礁石，勇往直前！

老人啊，您是家庭成員的紐帶，
維繫親情的和諧、友愛。

我們要對老人尊敬和珍愛，
不但是舐犢之情，
而且是對老一輩一生辛苦的感念，
是愛心、道義感的展現。

基督教的先知摩西說過：
「誰若使老人痛苦流淚，
我就讓大地震顫！」

今天，我們應該用最好的成績，
供養老人歡喜，
讓老人笑口常開，健康長壽！

外孫　茂森　敬上

一九九〇年農曆六月十五

母親：

　　茂森確實能經常讓老人笑口常開。雖然他的外公外婆已經去世了，但是他的爺爺奶奶還健在。茂森工作以後，在廣州市內給爺爺奶奶買了一套房子，把兩位老人從農村接出來，讓二老頤養天年。所以兩位老人見到茂森總是笑口盈盈、由衷歡喜。

在我的母親八十二歲壽辰時（一九九二年），十九歲的茂森的賀壽辭是：

兒子：

親愛的外婆：

生日快樂！

與其把您比作一支蠟燭，

燃燒自己，照亮別人，

不如把您比作一棵大榕樹，

無私地把兒孫們蔭護。

且不說您含辛茹苦把兒女培育成才，

如今第三代人的成長過程中，

哪一段沒有您的言傳身教？

老泰山啊，您似北斗拱照，

使我們和諧、團結、進步！

真誠祝福您，老泰山，

松鶴延年！

茂森把兩位老人從農村接出來，讓二老頤養天年

母親：

在家族親友的聚會中，茂森作為外孫獻辭，那麼嫡孫、嫡孫女以及其他的外孫等，也絕不甘心落後，爭相獻詩獻辭獻文，孩子們踴躍敬老愛老，形成我們家族傳統的風氣。在我們的家庭文化寶箱中，這些資料很多。

回顧茂森三十四年的生活歷程，慶幸的是，茂森不是電視機帶大的孩子，更不是保母帶大的孩子，也不是老人帶大的孩子，而是母親帶大的孩子，更是中國傳統文化帶大的孩子！

茂森的童年，是在改革開放的初期，那時文化大革命所形成的斷層還在恢復中。我們自己許多優秀的東西還沒來得及出現，而電視開始普及，許多海外帶有色情暴力成分的電視劇走進人們的家庭。打開電視節目，常常不是看到拳打腳踢，就是談情說愛，怎麼能讓孩子受這種薰染呢？所以，我們關閉電視，大人孩子都不看。

當時我心中有一種信念：以後中華民族那些優秀的人物會出現在舞台上的。後來我真的得到《孔子》十六集電視劇影碟，我們母子高興地連看了兩遍。

現在，在中國電視上自己的優秀故事已經層出不窮了。如電視劇《溫暖》，以廣州一名律師捐腎救母的真實事蹟為題材，反映了孝子在生活中的平凡與偉大。細緻刻畫了父子、母子、夫婦、兄弟姐妹、朋友等五倫關係。看了這個電視劇，等於上了一堂生動的倫理道德課。

電視劇《貞觀長歌》（八十二集），展現了中國歷史上輝煌的一頁：唐太宗文韜武略，是英明仁義的皇帝。文臣武將，為國盡忠，形成歷史上著名的「貞觀之治」，它告訴我們如何做上

司、領導者，如何接受領導，君仁臣忠，才能振興民族，使國家安定，社會和諧。

電視劇《鑑真東渡》，介紹我國歷史上一位到日本傳戒弘法的著名法師——鑑真大和尚，以戒為師，學習經典，普度眾生，譜寫了中日友誼和文化交流的不朽篇章；它告訴我們，一個出家人應該怎麼做，才能荷擔起自度度他的使命，才能為社會和人民所尊重。

這些電視劇，無論是作品內容，還是演員的演技，都是出色的。家長應該讓孩子選擇這些優秀的電視節目觀看。

茂森從小學、中學，到大學，基本沒有看電視，所以能專心於學業，對特別優秀的節目，由我推薦才會選看。

母親要有識別和取捨的能力，才能為孩子健康成長保駕護航。

母親的愛好和素質很重要。這會影響孩子，甚至會影響他一生。我不迷電視，所以孩子沒有看電視的習慣；我每天早上五點前起床（接觸佛教之後是四點起床），所以孩子沒有睡懶覺的習慣；我喜歡晨練，所以孩子愛好體育鍛鍊；我從來不打麻將，孩子也不沾染這些嗜好；我讚歎父母，所以孩子孝敬老人；我喜歡尋求和接近有學問道德的老師，所以孩子能尊敬師長；我喜歡買書看書，所以孩子能讀書……你看，孩子不就是我們的影子嗎？我們做母親的為什麼不努力學習，提高自身的素質呢？有母親的提高就有孩子的提高。母親要有好學的精神，孩子也會像海綿一樣吸收有益的東西。母親的水準提高了，家庭教育的水準就提升。這樣母親將會有智慧幫助孩子選擇學校，選擇社會教育和接受聖哲教育，在錯綜複雜的社會中，成為孩子健康成長的保護

人。

　　我為孩子選擇了廣州市第一幼稚園。使茂森在三至六歲，讀小學之前，在這三年裡訓練了群體生活、自立能力，並在週六、週日教孩子學習傳統文化經典。

　　在茂森的小學時代，因為我們當時的居住地點離城裡遠，附近只有工廠小學，因戶口區域所限，未能讀上重點小學。這沒關係，母親就是孩子的家庭教師。對於小學課本，只要有中專以上的程度都能掌握好。在整個小學六年期間，我每週三次輔導孩子學習數學、語文。三個晚上，每次一小時。我沒有用學校的課本，而是到書店買了幾本課外補充教材，每次輔導，只是給他的數學、語文略加一點而已。可是六年累積下來就是成績了。茂森的英語學習，在四年級的時候，星期天參加了廣州教育學院主辦的「少年英語班」，也是略加一點。

　　當茂森剛上小學時，我就希望他將來讀中學時，要進入廣州市一流中學──華南師範大學附屬中學（華師附中）。孩子太小，不懂事，但母親心中的目標是非常明確的，而且帶領孩子做長期努力，六年下來沒有間斷。到六年後考初中時，在統考前，我把我所有的補休集中在一起，休假三週。我坐鎮家中，讓孩子的心定下來，一日三餐，我親自打理。同時我認真學習了小學課本，我總結出重點，鑑於茂森的語文成績比數學成績差，我就根據小學課本的精神擬了十三道作文題，讓茂森寫，寫了我改，改了再抄，如此打基礎。

　　考試那兩天，因為家中有媽媽，所以孩子心裡很踏實，精神狀態良好。考完語文，茂森悄悄地對我說：「媽媽，考試那道作文題，就跟我做過的十三道作文題相似，我寫得很順利。」這次

升初中統考結果，茂森以廣州市黃埔區第一名成績進入一流中學華師附中。當時茂森所在的那所工廠小學的校長和老師們都非常高興，茂森為自己的小學爭光了。

我為孩子選擇華師附中，因為我也是這所中學畢業的。我很熟悉它的校風。這間中學歷來是大學考錄取率最高的中學，但並不完全是因為這樣才選擇附中。因為這所中學，校長和老師的素質非常好，對學生有愛心、負責任；學校重視德、智、體全面發展，學校設施完善，有大型圖書館、游泳池、四百公尺跑道、籃球場、足球場等。學校提供住校生活，而且作息制度健康和規律；晚上十點前全部熄燈入寢，早上六點全部起床，到操場上鍛鍊，在大學考階段也是如此。所以沒有同學想靠延長時間、熬夜來完成功課的。只能在有限的時間，發揮最大效率。茂森專心致志的學習態度和高效率的工作精神是在這裡養成的。

茂森在華師附中度過初中、高中六年的住校生活。每逢週六的下午，高高興興地回家，向父母報告一週來的學習生活。我總是很有耐心、很注意、很有興趣的傾聽孩子的講述，而且需要指點的地方就自然輕鬆地插入，點撥一下，孩子就會在以後的生活中改進了。

茂森在初中時有一次說起，教體育的老師當眾狠狠地訓斥了他。這是因為茂森喜歡體育鍛鍊，所以和體育老師就很親密了。茂森樂而忘形，與老師同行時竟如對待同學一樣摟著老師的肩膀走，故遭老師訓斥。茂森心裡不服，認為這麼點小事，就這麼狠狠批評。我插話說：「這事不小啊！老師嘛！古人說是『傳道、授業、解惑』，是尊長，他傳授你知識，教你道德，你尊敬他還來不及呢，怎麼可以當他是你的平輩人或是小孩看待呢？你摟著

老師的肩膀，是態度不尊敬，行為不莊重，也代表了心裡沒有敬意，不尊師，如何學道啊？」茂森聽了默然不語，我又輕鬆地補上一句，「錯了就改嘛！你下次見到那位體育老師，主動向他道個歉，保證以後不再犯。」這些話說過以後，就沒有再重複。大家一起愉快地吃晚餐。在以後的生活中，我細心觀察，茂森對老師的尊敬，的確全方位的提高了，包括了外在的禮貌和內心的敬意。

我體會到：對孩子的錯誤、缺點，家長要柔和地提示，指出正道，這個效果好。太極拳術語「四兩撥千斤」，不能破口大罵，更不能盲目地庇護孩子，而否定老師的批評。對別人的批評，一定要剝開態度形式的外衣，而直取批評建議的實質。《弟子規》說：「聞譽恐，聞過欣，直諒士，漸相親。」這樣才能真正讓孩子進步。

在茂森初三時，一次考試的作文題，老師要求記述一個生活中的人物，茂森以《我的母親》一文獲得好評，短文如下，與大家共賞。

我的母親

我的母親，是一位四十左右年紀，總是穿戴得體、文質彬彬的新聞工作者。每次家長會，同學們都誇讚我的母親很有風度，我引以為傲，而且使我更自豪的是：我的母親比其他同學的母親更會教育孩子。

我是獨生子，可是母親卻從不嬌慣我。母親每天五點前起床，煮好早餐，六時叫我一起出去鍛鍊。寒假裡，當我想多睡一會兒時，母親就把我拉起來跑步。窗外還黑，一陣刺

骨的北風使我打個寒顫，啊，好冷啊！可是當母親頑強跑步的身影掠過我的眼前時，我就咬緊牙，加快了速度……

母親一有閒暇就教我一些古文、詩詞以及古今中外名人的言行修養等等，使我懂得了不少道理。母親還是個工作認真負責的人。一個星期天，我見母親從早到晚都在埋頭寫作，於是問母親為什麼不看一會兒電視，母親笑著說：「我把別人喝茶的時間都用上還不夠呢！」由於母親潛移默化的影響，我平時也不貪戀電視，認真學習。

母親經常克制自己，不斷塑造新我。並且常常教給我一些為人處世的道理，是我在學校裡學不到的。

高爾基說過：「愛孩子，母雞都會，重要的是教育他們。」而我的母親正是會教育孩子的偉大母親！

華師附中初三（五）班

鍾茂森

母親：

我們應當注意的是，這十五歲的少年所引用的作家高爾基的話：「愛孩子，母雞都會，重要的是教育他們。」

一個母親除了幫助孩子選擇中學，還要關照孩子選擇大學。

當時，以茂森在一流中學的成績，是完全可以報考全國最有名氣的北京大學和清華大學的。但是權衡一下各方面的情況，我沒有讓孩子報考外地大學。因為當時（一九九一年），我看到改革開放以後，引進國外先進的技術、設備和生產線，這是好事。可是一些青年不辨糟粕，學習外國人在戀愛、同居方面的開放，

過分享受生活，追逐偶像，跳舞、打牌等等。有些學生在中學時，是很本分的學生，可是上了大學，遠離家門，就放逸了，甚至墮落了。而可憐的父母全然不知，還不斷地為兒女寄錢，等到發生了嚴重的問題，趕到學校時，才發現不可收拾。

我最關心的是孩子品德的鞏固。北大、清華很好，本市中山大學是我們嶺南第一學府，也很好嘛！特別是在我的視野能關注到的地方，可以監護孩子在健康的軌道上前進，踏踏實實地完成學業，所以我們選擇了廣州中山大學。中大有美麗的校園、優秀的老師，歷史悠久。校園裡矗立著孫中山先生的莊嚴銅像以及我國歷代優秀人物的塑像，提醒著學子們「讀書志在聖賢」，特別是中山大學的校訓「博學、審問、慎思、明辨、篤行」，是孫中山先生親筆書寫的，展現儒家的教育精神。

請茂森簡單介紹一下這個校訓。

兒子：

這個校訓出自四書《中庸》第二十章，這五方面，是做道德學問的態度和方法。

1.博學——廣泛的學習。不僅包括專業技術，更要包括中華傳統文化的學習。具體地說，應該包括倫理、道德、因果、哲學、科學，五個方面融會貫通的學習。

2.審問——諮詢、請教。「心有疑，隨札記，就人問，求確義」，向有學問道德的人請教。

3.慎思——思考，孔子說：「學而不思則罔」，只學，是累積、堆積，透過思考才能消化吸收。

4.明辨——分清是非、善惡、好醜。取其精華，去其糟粕。

用什麼做標準？要借助於倫理道德和科學真理為標準去辨是非。

5.篤行——踏踏實實地去做。「不力行，但學文，長浮華，成何人」。不僅科技專業知識要踏踏實實地去學、去做，倫理道德修養更要紮紮實實地去栽培。

這五方面用孔子的話概括就是儒家提倡的「三達德」：博學、審問、慎思、明辨是「好學近乎知」；篤行是「力行近乎仁」；明辨好醜、是非，而篤行真善美是「知恥近乎勇」，這才可以成就真實的學問道德。

母親：

茂森在中大讀書時，給我的生日賀卡中寫道：

兒子：

「我時常在想，我幸虧有個好媽媽，

我的一切成績，都貫穿著媽媽慈愛的幫助，

我的一切目標，都包含著媽媽諄諄的啟迪，

在您的愛和智慧中生活，

我成長得多麼幸福，多麼充實！」

母親：

在茂森大學畢業之後，我覺得孩子的翅膀硬朗了，他可以獨立飛翔了。所以儘管他以第一名成績考取了中山大學的研究生，我還是贊成他赴美留學，去看看廣闊的世界！

我們選擇了出國留學。在許多所錄取茂森的美國大學中，我們選擇了能提供獎學金的路易西安那理工大學的商學院入讀。這

所大學，在美國三千所大學中排名前一百名，是間很好的學校。

以上介紹的是，母親幫助孩子選擇學校、接受學校的教育。下面談談引導孩子接受社會教育方面的情況。

社會教育是多方面的，呈現在我們面前的是繽紛多彩的世界，連選擇看電影電視、參加社會活動，都是社會教育。如果不幫助孩子選擇，孩子會陷入其中，心智分散，最後一無所成。

母親應該幫助孩子在社會教育的花園中，選取自己最需要的花。

在茂森讀中大期間，假期裡，我讓他學習社會，到當時著名的企業──廣東健力寶集團公司公關部去當義工，見習一下大企業的管理運作。茂森用心學習，後來寫了一篇文章《創造中國飲料名牌──健力寶十年小記》，發表在《人民日報（一九九四年八月二十四日）》。

這使得該企業的總經理，公關部的工作人員乃至全體職工都很受鼓舞。這段社會實踐，對當時二十一歲的大學生茂森來說，接受了一次很好的社會教育。我們每一位家長都可以根據自己的工作特點，為孩子提供接受社會教育的機會。

在學校裡，從事些什麼社會活動呢？茂森讀大學時，徵得我的同意，擔任中山大學嶺南學院經濟學社的社長，這是學生團體，擁有七百名社員。茂森任社長期間，在校園裡成功地舉辦了「首屆模擬期貨交易所」和「第四屆模擬股市」活動。這些活動，是學習經濟金融專業的學生的實習。當時，正值全國改革開放，經濟市場活躍起來，股市和期貨交易上市，這些活動是應運而生。當時組織的非常成功。《南方日報》（中國南方的大報）一九九三年十一月二十三日對此做了報導；廣東電台新聞台，於一九九三年十一月十八日黃金時間早上七點的新聞節目中，現場直播記者採訪社長茂森的錄音。此外，《資訊時報》、《廣東科技報》以及《中山大學學報》對這一活動都有讚譽和報導。茂森主持的中大經濟學社的工作獲得學校的表揚和獎勵，榮獲一九九三～一九九四年度「優秀團體活動集體獎」。此外，茂森主編的學校刊物《經濟縱橫》也受到校內外學生的好評。

這些社會工作，訓練了茂森關心社會、參與社會和熱愛集體的思想，鍛鍊了組織能力，工作能力和胸懷全局的能力，培養了與同學們的合作精神，也實習了經濟金融方面的專業技能。

這些都是孩子接受社會教育的選項。

為什麼要以家庭教育為龍頭，來選擇學校和社會教育呢？因為一來孩子還沒有成熟，二來當今社會五彩繽紛，變化太快，誘惑太多，所以母親的關懷要徹底，要幫助孩子把關。

　　茂森在大學裡很活躍，那麼自然引起了許多女同學注意。做母親的要體察入微。我曾兩三次無意中接到一位中大女同學的電話找茂森。另外，我在一次活動中也見到這位女同學，她長得很漂亮，據說功課也很好，並且是南方地區某大報主編的女兒，看來她的各方面條件都很優越，她主動熱情接近茂森，茂森對她很有好感。

　　假如這時我做母親的對此事表示歡喜和支持，那麼兩個青年的關係就確定了。可是，我覺得人應當立志高遠，不能過早地羈絆在男女之情上。因此，我覺得應該提醒茂森，他現在不適合談戀愛，無論對方條件如何優越。

　　我和兒子做了兩次深入的懇談，我說了三條意見：

　　第一：讀書期間，就是讀書，不談戀愛，這是學生的宗旨。供你上大學時，我們母子的意見是完全一致的，不管出現什麼情況（包括女方條件優越），此宗旨絕不動搖。男孩子，要先立業後成家，包括談戀愛。完成道德、完成學業，是大道理，是至理，其他放在腳下！

　　第二：如果現在談戀愛，一定會分心，會影響學業，影響功課。談戀愛，是一場消耗戰，它消耗人的時間、精力、金錢。這場戰爭，你現在不適宜參加。你把這些時間、精力、金錢用在學業上，讓學業優秀。你還要出國留學深造，往後的路長著呢！

　　第三：讀聖賢書，要學以致用。這「格物致知」（四書大學篇）是革除物欲而追求真理，不是紙上談兵啊，正是在誘惑當頭把握自己啊，怎麼能遇到一個女同學就動搖了呢？要把理智放在感情之上，革除欲望，不為男女之情所纏縛，專心致志完成學業。

孩子同意了母親的意見，把女同學的照片退還給她了，從此專心致志地學習。而在此同時，我也跟那位女同學誠懇交談，我開誠佈公地說了幾點意見：

　　第一、你父母送你上大學，是讓你讀書的吧？是非常希望你好好學習，完成學業。（她回答：是）父母賺錢，真不容易啊！（她回答：是）如果不專心讀書是對不起父母。在求學時期，談戀愛是分心，是對不起父母。父母送你來讀書不是送你來談戀愛，這個問題首先要明確。

　　第二、男孩子的話，你不要輕信。一個大學生並沒有成熟，沒有經過生活的歷練，根本不懂得愛。你的各方面條件都很好，以後可以找一個比自己年紀大的，在道德和學問上更成熟的男子。茂森現在一無所有，他不會使你幸福。

　　第三、你有時間，何必去聽一個男同學的廢話呢？真正愛你的，是你的父母。你有時間多和父母在一起，陪他們散散步，說說話，你能從你父母那裡學到永遠學不完的東西。這比與一個幼稚的男生散步說話有意義的多。有時間多想父母，為父母做點事，掃掃地、洗洗衣服，那是天倫之樂啊！

　　我最後對她說：「你能明白我今天跟你談話的意思嗎？我是希望你們終止超過一般同學的來往，而恢復正常同學關係。今後一心一意地讀書，如果你覺得能接受，就坦率地告訴我，這件事就算告一段落了。如果你覺得不能接受，也坦率地告訴我，這沒關係。但是我就要進一步聯繫你的父母，和他們談談，希望雙方家長和雙方兒女共同來討論這個問題，以達到彼此都心悅誠服。」

　　這個女同學也很有教養，她停了一下，回答我說，她能接受

我的意見。

茂森擺脫了這些纏縛以後，努力學習，所以大學畢業時，能在全國各地報考中山大學世界經濟研究所的一百八十名考生中，名列第一，同時也考上美國大學的研究生，順利出國留學。

我記得，在文化大革命以前，在中國各大學裡是明文規定不能談戀愛的。談戀愛的學生，將被勒令退學。因此學生很樸實，讀書很認真。現在據說不僅大學，連中學、小學生都有大談戀愛的問題。回憶茂森這次能迅速地擺脫纏縛，是因為：

第一：平素有接受聖賢教育，在立志與道德教育方面有些基礎，所以一經母親點醒，立即回頭。

第二：問題發現得及時，及早發現，家長在雙方感情未及深交時，就提出中止，容易解決。

第三：曉以孝敬父母，完成學業，和前途理想的大道理，勉勵青年把理智放在感情之上，所以使兩位青年學生很快地走出盲點。

兒子：

感謝母親的幫助，我覺得，

母親，不僅是家庭教育的主角，

而且掌管著孩子成長階段的各個進程，

在幼年時代，

母親是孩子的救星和保護神；

在青年時代，

母親是總參謀、總經理；

在成熟時代，

母親是朋友，是尊長。

母親，永遠是孩子的老師。

母親：

古訓說：「作之君，作之親，作之師。」母親在家庭教育中，對孩子正是扮演這三種角色。母親是孩子的領導（作之君），是孩子的至親（作之親），是孩子的老師（作之師）。如果母親沒有成為孩子的老師和領導，而僅僅是孩子的保姆，那麼請注意，把自己在人生舞台上的角色調整一下。

上面談的是孩子在接受社會教育、社會活動中，母親的關懷要時時到位。下面談如何接受聖哲教育。

去年（二〇〇六年）四月和今年（二〇〇七年）四月，中國召開了兩個極不尋常的國際性會議，對促進世界和諧，帶來了積極的影響。去年四月，在杭州召開的是首屆世界佛教論壇會，會議的主題是「和諧世界，從心開始」，來自世界各地三十七個國家地區代表的一千多位高僧大德、著名的佛教學者及各界人士參加大會。今年四月，在西安召開的是國際道德經論壇會，會議的主題是「和諧世界，以道相通」。

茂森因為一向喜歡學習和宣傳中華傳統文化，作為學者教授被邀請參加了這兩次盛會，而且在會上宣讀了自己的論文。在佛教論壇會上的論文是《推動因果教育，構建和諧世界》（英文）；在道德經論壇會上，他的論文是《和諧之道，以孝貫通——道德經對現代社會的意義》（中文），兩篇文章都受到好評，收集在大會精美的論文集上。

《西安晚報（二〇〇七年四月二十四日）》特別報導了茂森

在國際道德經論壇上的對和諧世界的三點建議，而且論壇會上的總結發言人，特別強調了這三點建議：

兒子：

對和諧世界的三點建議──

1.提倡由中央到地方政府，每年進行「孝子評選」活動，由媒體廣泛宣傳，以實現「教民親愛，莫善於孝」，「以孝治天下」。

2.提倡各家庭、各民族共同紀念先祖活動，「春秋祭祀，以時思之」，以實現「慎終追遠，民德歸厚」。

3.提倡倫理道德的教學及建立傳統文化教育中心，大力弘揚以孝為中心的五倫十義，以落實古訓「建國君民，教學為先」。

這裡解釋一下「五倫十義」。

五倫：父子、君臣、夫婦、兄弟、朋友，五種人倫關係，任何一個人，都離不開這種關係。

十義：父慈、子孝、兄良、弟悌、夫義、婦聽、長惠、幼順、君仁、臣忠，是人的十種義務。

五倫十義是做人的規範。

102

母親：

想起茂森從小在家中學習孝的經典，現在長大了，能登上世界會議的講壇弘揚孝道，我喜極而泣。

我由於父親去世，才有因緣接觸到佛教，我所說的佛教，不是迷信的佛教，也不是純學術研究的佛教。

我很欣賞，清朝雍正皇帝的見解，雍正皇帝是一位勵精圖治的英明皇帝，他主張用佛教、道教、儒教教化人民，所以特地寫了一篇公告〈雍正皇帝上諭〉。他說：「朕唯三教之覺民於海內也，理同出一源，道並行而不悖。……以佛治心，以道治身，以儒治世。」雍正皇帝把儒、釋、道三教看作對百姓的教育。

淨空老法師著名的演講之一《認識佛教》，給佛教正名，指出佛教是佛陀對九法界眾生至善圓滿的教育，佛教幫助人認識宇宙人生的真相，幫助人從煩惱中解脫，幫助人正確認識和處理人與人之間，人與自然界之間，人與不同維度空間生靈之間的關係。

我帶領孩子接受了這種教育。首先參加了一九九二年粵北丹霞山別傳寺學佛夏令營活動（當時別傳寺的方丈是本煥老和尚）。我們母子過了一週清靜的、禪的生活。每天素食、坐禪、聽佛學講座，我們非常歡喜。以後我們又朝拜佛教聖地五台山、普陀山等名勝，接受佛教陶冶。這種清淨人心的陶冶，使茂森在學習上的意志更容易集中，因而成績的提高是事半而功倍；道德品質的水準也不斷上升。後來，我們遇到淨空老法師，就專心聽淨空老法師的講經影碟。

兒子：

　　淨空老法師，是澳洲淨宗學院的院長、澳洲名校昆士蘭大學的榮譽教授和格里菲斯大學的榮譽教授，是香港佛陀教育協會董事主席、北京中國人民大學客座教授。在二○○七年三月份，淨空教授應邀參加中國人民大學召開的「世界漢學二○○七年大會」，做過主題演講，題目是《中國傳統文化教育的復興》，受到大會熱烈歡迎。在眾多學者教授中，淨空教授是唯一的出家人。這個大會規格很高，是由時任中國人大常委會副委員長許嘉璐作總結的。許嘉璐副委員長在總結發言中特別讚歎淨空教授的主題演講。

母親：

　　茂森在美國留學期間（二十二～二十六歲，一九九五～一九九九年），因大學距離淨空教授所在的道場——達拉斯淨宗學會很近，所以假日常去道場恭聽老法師講經說法。淨空老法師揭示了佛陀教育的三個層次：第一、斷惡修善，第二、破迷開悟，第三、轉凡成聖。佛教是聖哲的教育，是提高人靈性的教育。這麼好的教育，母親哪有不帶領兒子接受的道理？

　　我發現，聖哲教育使孩子有四個方面的顯著提升：

　　1.實踐孝道的深度與廣度的提高。

　　2.仁愛之心顯發，助人為樂。

　　3.禪定與忍耐力的提高。

　　4.靈性提高，智慧成長。

　　下面具體談談：

第一，我非常感謝佛教聖哲的教育帶給我們的提升，佛首先就是教孝。茂森學佛以後對「孝」認識的深度與廣度都拓展開了。他於一九九七年（當時正在美國攻讀博士）學習佛法以後，發出孝養父母的九條孝願，並在淨空教授面前報告，請老法師指導奉行。這十年來，茂森也在努力實踐這九條孝願，今天在這裡，再次向師父上人、在座的老師們、朋友們回報，請大家監督奉行。

母子與淨空老法師合影

兒子：

九條孝願

一九九七年四月四日晨，我恭聽淨公恩師講解《發起菩薩殊勝志樂經》，深自悔責往昔惡業，發起九條孝養父母之願，於阿彌陀佛像前，高聲跪誦，祈請諸佛加持奉行。

一、我從今日至未來際，對於父母，傾盡所有，乃至身命，以至誠心，禮事供養，晝夜六時，心不間斷。若對父母，或因慳吝不捨，或貪利養名聞，不勤奉事，我則名為，

欺誑如來。

二、我從今日至未來際，對於父母種種善願，盡捨身命，悉皆實現。若生退怯，不願成就。我則名為，欺誑如來。

三、我從今日至未來際，對於父母，以種種美好柔軟言辭，令其歡喜，勤事不懈。若對父母以一粗言，令其不悅，我則名為，欺誑如來。

四、我從今日至未來際，日夜常思父母恩德善行，常生信敬，起教師想，於他人前，讚歎父母之德。若於父母，伺求其過，生一念輕慢之心，我則名為，欺誑如來。

五、我從今日至未來際，以種種方便，安慰父母，令其不生憂惱恐懼，於一切境緣皆得解脫。若吝惜身命財物，生一念逃避之心，我則名為，欺誑如來。

六、我從今日至未來際，常以種種大乘佛法，開解父母，令其歡喜，生起正念，明瞭宇宙人生真相，若於父母法供養時，遇有障礙，便生退屈，我則名為，欺誑如來。

七、我從今日至未來際，護持父母修學佛道，護持父母往生阿彌陀佛極樂世界。假使三千大千世界大火相炙，萬刃相加，我護持之願，無有動搖。若不爾者，我則名為，欺誑如來。

八、我從今日至未來際，廣為他人演說孝道，以身作則，勸令一切眾生孝養父母，受持此願，無有疲厭。若不爾者，我則名為，欺誑如來。

九、我從今日至未來際，為於父母，勤修戒定慧，息滅貪嗔癡；求生阿彌陀佛極樂世界，速成無上正等正覺，圓

滿孝道。再以神通道力，分身無量世界，於往昔世中所有一切父母，以方便智，供養教化，開示正道，攝其往生極樂世界。若不爾者，我則名為，欺誑如來。

祈請諸佛菩薩、淨公恩師加持奉行，圓滿孝願。

南無阿彌陀佛！

弟子 鍾茂森 頂禮

母親：

這裡解釋一下：「欺誑如來」，即欺騙如來，是地獄罪。

佛教，能使人深刻。能使人在接受儒家思想教育的基礎上，更上層次。茂森沒學佛以前，對孝的理解和奉行還是停留在對父母一生身心的供養。遵照孔子所說：「孝子之事親也，居則致其敬，養則致其樂，病則致其憂，喪則致其哀，祭則致其嚴，五者備矣，然後能事親。」學佛以後，認識就更深刻了。

深刻表現在哪裡？看看茂森所發的「九條孝願」，就可以發現，例如：

1.茂森在第六條孝願中說：「我從今日至未來際，常以種種大乘佛法，開解父母，令其歡喜，生起正念，明瞭宇宙人生真相。」這是對父母的法供養，幫助父母提高靈性，破迷開悟，認識自心，這個超出原來我們所說的孝的範圍。

2.茂森在第七條孝願中說：「我從今日至未來際，護持父母修學佛道，護持父母往生阿彌陀佛極樂世界。」這是立願幫助父母了脫生死，永出六道輪迴，離一切苦，得究竟樂，最後成佛。這超出了儒家所說的孝的範圍。

3.茂森在第九條孝願中說：「我從今日至未來際，為於父

母，勤修戒定慧，息滅貪瞋癡；求生阿彌陀佛極樂世界，速成無上正等正覺，圓滿孝道。再以神通道力，分身無量世界，於往昔世中所有一切父母，以方便智，供養教化，開示正道，攝其往生極樂世界。」這是自己修行成佛，還要幫助過去世中生生世世的父母往生成佛。對孝的認識，已突破了平面，是立體型了，是多維空間型了。這更超出了儒家所說的孝的範圍了。使孝心、愛心擴大深化，遍法界虛空，貫古今三世，已經超出一家、一國、一世界了。

當然，這僅僅是二十四歲茂森的立志，才開始起步，有待於師長和一切仁者的指導、幫助、護持。

第二，我非常感謝佛教聖哲的教育，使茂森的仁愛之心顯發，好善樂施，捐印善書。

支持中國貧困地區的孩子讀書，捐款救濟地震、海嘯災區等等，崇尚道德，遠離唯利是圖、自私自利。例如：捐印《無量壽經》、《地藏經》、《集福消災之道》（感應篇匯篇白話節本）、教導因果教育的《地獄變相圖》等善書，捐助中國少數民族中小學生讀書，捐助救濟印尼海嘯災區，在中山大學設立「孝悌獎學金」，幫助貧困學生等等。茂森盡自己的薪資收入，在贍養父母老人之外，力行善事。

第三，我非常感謝佛教聖哲教育，使茂森的禪定力提高，忍耐力增強。在美國留學期間，雖然領取獎學金，但每週必須為教授工作二十小時，包括為導師蒐集資料、檢測、整理資料，還有統計、計算等等。茂森的導師很有名氣也十分嚴厲。他交代的工作，絕對要求按時完成，他說二十小時可以完成的工作，茂森私下要做四十小時，才能完成。茂森默默地承受，毫無意見，努力

提高自己的適應能力,漸漸地茂森可以三十小時完成,後來二十個小時就可以完成,最後十小時就可以完成了。茂森聽淨空老法師講《金剛經》,其中「佈施忍辱」這段內容,是一捲錄音帶,他反覆聽了八十次,他還把這捲錄音帶譯成廣州話,給爺爺奶奶聽,年輕人,能忍耐就能成功!

1999年茂森博士班畢業

第四,我非常感謝佛教聖哲教育,使茂森的靈性提高、智慧成長,能辨別香花和毒草。在國外五顏六色的世界中,能把握自己,抓住主攻方向,以四年的快速度順利完成碩士、博士全部學業。一九九九年博士畢業前夕,茂森的導師,美國著名經濟學專家阿里教授在給茂森的工作求職推薦函裡,對茂森這樣的評價:「茂森是我在二十五年的教學生涯中最優秀的學生。」茂森還被美國「誰是優秀者」雜誌評為當年全美優秀大學生。

茂森當年給我的新年賀卡中這樣說：

兒子：

親愛的媽媽：

新年好！

每當歲月的年輪增加一圈，

您對我的恩德又疊高一層；

而我對您的報恩之心也加深一層。

您像每一位母親一樣，

對我撫育關懷，

您又比其他母親更注重，

對兒的栽培教化。

養育我身，

覺悟我心，

樹立我志。

母親的深恩，確如佛經所說無量無邊，

報效母恩，莫過養母之志，

奮發圖強，正為寬母之懷，

兒一生將謹記母親的教誨：

「不離世法證佛法，不離佛法行世法，

立出世志，做世間覺悟之人！」

母親：

哲人常常把人生的需求劃分五個層次：

一求生存

二求溫飽

三求發展

四求文化

五求宗教（聖哲教育）

我希望兒子在這五個方面都圓滿。

一九九九年夏天，當我到美國參加兒子的博士畢業典禮時，我給達拉斯淨宗學會寫了一封感謝信，並呈上我薪資積蓄的一千美元，藉以表達深深的謝意。在此，願與大家分享我的感恩之情。

茂森博士班畢業後，來拜見恩施淨空老法師

達拉斯淨宗學會全體法師及居士大德：

　　在我兒子鍾茂森博士畢業之際，請讓我向你們表示衷心的敬意和謝忱。你們的住持和道場的存在，好比沙漠中的綠洲，使我兒子在美國四年的留學生涯中，常常能在這裡得到精神營養，認識真理，健康地成長和完成學業。最令我感激的是，茂森在這裡聆聽了淨空法師的親切教導，在完成美國高等專業教育的同時，接受了慈悲智慧的教育——佛陀的教育，並立志完成人格，成就佛道。

　　感謝你們全體——你們是茂森真正的老師。

　　敬禮！南無阿彌陀佛！

趙良玉謹上

一九九九年八月九日

茂森26歲生日之際和博士畢業前夕，母親寄的生日賀卡

兒子：

在我博士畢業前夕，母親寄給我的生日賀卡不同尋常，是她親手製作的一張富有人生哲理的大型賀卡，裡面有我和母親在不同歷史時期的照片、我和老師的照片，還有對我少年時代影響很深的外祖父、外祖母的照片。

母親給我的生日賀辭這樣寫道——

茂森兒：

在你二十六歲生日之際和博士畢業前夕，

思念一下家鄉的老人、父母和師長，

看看我們母子二十六年來的合影，

從你的童年，小學，中學，大學，

到留美攻讀碩士，博士。

這些時光像夢一樣地過去了。

是歡喜？是感歎？還是成熟和覺醒？

又看看你的外祖父的青年時代和他去世前的照片，

再看看你的外祖母的青年時代和她去世前的照片。

你知道這就是人生嗎？

你悟出了什麼？

……

吾兒博士畢業即將走上美國大學講壇教書，

讓母親為你衷心祝福：

願吾兒：立出世志，做世間覺悟之人。

願你擁有一個智慧的人生，

願你心無罣礙地走向世界！

覺悟——奉獻——求生淨土！

母親　良玉

寫於一九九九年五月

母親：

母親要帶領和引導孩子兼容並蓄四種教育：

1.家庭教育　　2.學校教育

3.社會教育　　4.聖哲教育

那麼孩子在道德、學問方面就有了比較紮實的基礎，就可以很好的為人民服務了。

謙恭待人忠孝傳家

尚賢徧情師善導講花間

古時年七十有八

六

家庭教育的昇華

——促進孩子為和諧世界

立德、立功、立言

母親：

　　講到立德、立功、立言，中華民族許多優秀的人物都做過這方面的貢獻。就孔子來說，立德方面，他的道德風範，堪為萬世師表，他的學生稱讚孔子品德，是溫、良、恭、儉、讓。心存仁義，外示禮儀規範的表率。立功方面，孔子的教育成就是弟子三千，而優秀的學生有七十二人，這些學生都分布在各國，或為官吏，或講學授課。立言方面，孔子本身整理了古代的文化典籍，據說六經都是他刪定整理的。而且中華文化的精華《論語》就是孔子及其弟子言行的彙編。

　　哪一位母親，不希望自己的孩子也能為和諧世界立德、立功、立言呢？

兒子：

　　十五年前，我才十九歲時，收到了母親的一份生日賀卡，母親在賀卡中為我做出了一生的規劃。

　　十五年來，我一直在母親規劃的人生道路上走，越走越踏實，越走越歡喜。

　茂森兒：

　　祝賀你十九歲青春的年華！這是你邁進大學的第一個生日。

　　世界上有兩樣東西，只有失去時才知道它的價值，這就是：青春和健康。希望你做一個智者，身置廬山之中而知廬山之美。

　　你已經成年。今天和你談談我對你人生的總體策劃：

假如環境沒有意外，你的道路是：

大學畢業，獲學士學位

研究生畢業，獲碩士學位

攻讀博士，獲博士學位

爭取到當今世界發達的國家學習和工作；

成家要晚，立業在先，遵循古訓：修身、齊家、治國、平天下；

在修養方面克服浮躁，一心不亂，增加自控能力，寧靜致遠，行中庸之道；

三十歲前，學習，累積，打基礎；

三十歲至五十五歲，成家立業，做一番事業；

五十五歲後收心，攝心，總結人生，修持往生之道。

這樣，當你回顧往事的時候，可以欣喜地說：我活著的時候很充實，離去的時候很恬靜。

永遠愛你的母親

於一九九二年五月

母親：

茂森自一九九九年博士畢業，在大學任教以來，業餘時間一直追隨淨空教授學習和弘揚中國傳統文化儒、釋、道三家經典，並跟隨淨空教授多次參加聯合國教科文組織的會議，及世界各地關於和平、教育、宗教團結的會議。在這些活動中，擔任淨空教授的英文翻譯。

二〇〇四年十二月，茂森應邀參加聯合國教科文組織在澳洲

阿德萊德大學舉行的「共同價值觀教育」的國際會議。會上，茂森的論文《中華傳統文化中的共同價值觀》（英文），作為主題討論。

二〇〇五年八月應邀參加聯合國教科文組織在澳洲格里菲斯大學召開的「培養智慧、獲得和平」的國際會議上，茂森發表了主題演講論文《商業教育應融入儒佛道德價值觀》（英文）。

二〇〇六年十月，茂森應邀參加聯合國教科文組織巴黎總部慶祝釋迦牟尼佛誕辰2550週年的國際會議，主題演講《學習釋迦牟尼佛推動因果教育，構建和諧世界》（中英文）。

茂森跟隨淨空教授多次參加聯合國教科文組織的會議,及世界各地關於和平、教育、宗教團結的會議,擔任淨空教授的英文翻譯

　　茂森也常常應邀參加世界的金融學術交流會議,及到世界各地大學講學。而且是在這些出訪活動中,常常帶我一塊去旅遊。所以,我到過美國、英國、法國、加拿大、澳大利亞、紐西蘭、新加坡、馬來西亞、泰國等國家。香港一位海關工作人員看到我的護照上蓋滿了各國入境的印章,開玩笑地說:「您老人家很有福氣啊,世界發達國家您都去過了。」

　　古人說:「讀萬卷書,行萬里路。」成就學問,我們母子在世界各地的旅遊參訪中看到:隨著科技的發達,生產的發展,人們的物質生活有了提高,但是道德素質、精神世界卻在下滑。世

界動亂，國家、宗教、族群之間衝突頻繁，世界各地的災難：洪水、地震、海嘯、瘟疫等連續不斷，大自然生態失去平衡，家庭糾紛，離婚率上升，青少年犯罪率成長，倫理道德被忽略，禮節規範廢弛，物慾橫流⋯⋯世界失去了和諧。

兒子：

二〇〇五年四月，胡錦濤主席在印尼雅加達的國際會議上首次提出共建「和諧世界」的主張，後來在同年九月，聯合國六十周年首腦會議上，他又進一步闡述了構建和諧世界的理念。

溫家寶總理在二〇〇三年十二月訪問美國哈佛大學時，有一篇激勵人心的演講，題目是《把目光投向中國》，文中說：「中華民族的傳統文化博大精深，源遠流長。早在兩千多年前，就產生了以孔孟為代表的儒家學說和以老莊為代表的道家學說⋯⋯中華民族具有極其深厚的文化內涵⋯⋯」溫總理指出：「人類正處在社會急劇大變動的時代」，要「回溯源頭，傳承命脈⋯⋯」

兩位中國領導人的演講激發了我們的思考。

如何構建和諧世界呢？兩千多年前的古訓《禮記·學記》篇中說：「建國君民，教學為先」，因為教育，才能使人由衷地轉變自己的觀念，轉變自己的行為。如果都遵循聖賢教導的方法去做，社會一定變得和諧。

如何回溯源頭，傳承命脈呢？要從我們中華民族五千年的歷史經驗，五千年的智慧方法中吸取精華而用於當下，把儒、釋、道三家傳統聖哲的教誨變成自己的生活行為，則必是人心和善，家庭和樂，人際和順，社會和睦，世界和諧。

母親：

社會確實需要有一批有志青年，一批菁英來傳承命脈，學習聖賢之教，弘揚聖賢之教，他們修身立德，「學為人師，行為世範」，然後將聖賢的教育弘揚四海，發揚光大。

誰願意做出這樣更積極的人生選擇呢？

記得不久前有一天早上，在澳洲淨宗學院，我跟隨淨空教授散步。我們繞著高地房子的周圍，邊走邊談。我當時心裡想著兒子的工作和前途。我問：「師父，您看茂森是適合在澳洲工作，還是適合在中國工作？」淨空教授回答我說：「要做聖賢！」這話使我一愣。這是什麼回答？似乎是答非所問，充滿禪機，打斷人的思維妄想，震開人心中的疑情。

啊！這是令人茅塞頓開的回答，我們學習聖教，讚歎仰慕孔子、孟子，讚歎仰慕佛陀，難道我們永遠停留在仰慕和讚歎嗎？難道我們就不想自己也成為孔子和釋迦牟尼佛這樣的聖賢人物

嗎?難道我僅滿足於當一名金融教授的母親嗎?

一經淨空教授點撥,我覺得《朱子治家格言》中說得對,「讀書志在聖賢」,應當讓兒子學做聖賢,我要學習做孟母,即使不能全部學到,也可以相似地學到。子曰:「仁遠乎哉?我欲仁,斯仁至矣。」(《論語·述而第七》)孔子說,仁離我們遠嗎?只要我發心要做到仁,仁就能做到。

於是我給兒子的生日賀卡中說:

> 「茂森兒,做母親的,希望你更上一層樓,希望兒子做君子,做聖賢。你能滿我的願嗎?」

兒子在二〇〇五年一月給我的新年賀卡,回答了我的問題。這張賀卡是我最喜歡的賀卡,全文如下與大家分享:

兒子:

親愛的媽媽:

韶光飛逝,媽媽已到了耳順之年了。而您教養兒子已三十多個寒暑。我在這三十多個寒暑中,越來越體會到,世上最偉大的是母愛。母愛,能在寒冬中為兒女帶來溫暖,在酷暑中帶來清涼……

您對我三十多年的養育中,含辛茹苦,毫無保留,不求回報。所以傳統教導我們孝養父母說:「天地是孝德結成,日月是孝光發亮。」父母恩德無邊,而「孝親乃天地第一德」。

我立定志向,盡形壽落實孝道,時時以九條孝願來鞭策

自己，保證您晚年的物質生活和精神生活安樂，並護持您往生西方極樂世界！

《孝經》上說：「立身行道，揚名於後世，以顯父母，孝之終也。」因此大孝者應以德濟世，為天地立心，為生民立命，為往聖繼絕學，為萬世開太平。

目前世界，聖教衰危，天災人禍頻繁。我們慶幸得蒙淨公恩師教誨，得遇正法，獲益無窮。我願繼承恩師之志，為挽救世運人心，為開示眾生悟入佛之知見，努力修學。從格物、致知、誠意、正心修身開始，盡形壽為人演說聖賢之道，弘法利生，以報父母、恩師，天地、祖先、古聖先賢之德，並以此功德，回向母親臨命終時，自在往生極樂世界！

兒　茂森頂禮

二〇〇五年元旦

母親：

我接到這份新年賀卡，心中有說不出的高興！我們母子連心，有共同的語言，共同的覺悟，共同的理想。

能孝敬自己的父母，是小孝；能孝敬天下的父母，全心全意為人民服務，是大孝；能成就聖賢、普利眾生，使千秋萬代的人獲益無窮，是至孝。

兒子：

孟子曰：「老吾老，以及人之老；幼吾幼，以及人之幼。」愛自己的兒女，是小慈；能愛天下的兒女，將母愛擴展到社會和

世界，是大慈；讓愛心遍法界，善意滿十方，是至慈！

母親：

我支持兒子走上大孝，奔向至孝！

我支持兒子，在和諧世界，恢復聖賢教育的前提下，做出最積極的人生選擇。具體地說，我贊同兒子把原來的副業調整成正業，捨金融教學而從事聖賢的教學。

七○年代，英國著名的歷史哲學家湯恩比博士曾說過一句名言：「要解決二十一世紀的社會問題，唯有中國的孔孟學說與大乘佛法。」

於是我寫了一封信給淨空老法師，並帶兒子前往香港去拜師。下面是我送子拜師的全文，願與大家分享。

送子拜師文

尊敬的師父上人：

　　我最近到長春百國興隆寺念佛十週，其中特別是參加了止語、持午、「精進佛七」共六週，靜修之後，豁然開朗，回憶恭聽師父上人講經說法十年，今日方有心得。

　　思考師父上人的一生，學習聖教，學儒學佛五十五年，講經教學四十八年。面對時代的缺陷，您提倡佛教是至善圓滿的社會教育，而破除對佛教的一切迷信；您對佛教內淨土經典，精闢而詳盡的講演，揭示宇宙人生的真相，為一切有情眾生指出生命解脫的最終歸趣；您推廣儒家教育，宣導恢復中華傳統倫理道德，強調從落實《弟子規》做起；您眾善奉行，賑災濟貧，捐助辦學，設立教育獎學金，幫助老人和孤兒等等，您把仁愛的種子撒遍世界各地；您環球奔走，從事於促進宗教團結、宗教教育的世界和平活動。您智慧地提出：和諧社會、化解衝突的根本，是先化解自己心中本性覺悟與習性迷惑的矛盾衝突，並深刻地指出，其根本的解決方法是靠教育，用聖賢的教育使人覺悟，覺悟後才會斷惡修善，破迷開悟，才有幸福的人生、和諧的社會。您的這些理念和實踐，在聯合國教科文組織召開的國際會議上，以及世界各國關於宗教、和平、教育的工作會議上，都得到熱烈的迴響和贊同。我們由衷地讚歎：您是一位出色的學者和法師，您是一位偉大的教育家，您是智慧、仁愛與和平的使者！

　　思考師父上人的行持，從二十六歲開始學習聖教，三十三歲出家、至今八十歲高齡，仍每天堅持講《華嚴

126

經》，正是「度諸有情，演說正法」，「常以法音，覺諸世間」。您誨人不倦的教學精神，您善滿天下、愛遍法界的心行，受到各國人民的尊敬。您為我們樹立了溫、良、恭、儉、讓的榜樣；您展示了「格物致知、誠意正心」、明德、親民、至善的風範；您示現了「菩提高廣，忍辱如地」、「住真實慧」，能仁寂默的風度；您表現了「莊嚴清淨平等覺」的風采。您啟發我們認識：如何從一個平凡的人走上覺悟之路，而實踐聖賢之道。

師父上人，這條路，您走成功了，我看明白了。我很樂意讓我的兒子，也是我唯一的孩子鍾茂森，走您走過的路，全身心投入學習聖教、弘揚聖教的工作。

茂森一九七三年出生於中國廣州，於一九九五年中山大學畢業後即赴美國留學。一九九九年獲得金融博士學位，畢業後即在美國德州大學和堪薩斯州立大學教書，後聽從您的建議，而遷至澳洲昆士蘭大學任教。因學術論文連年獲獎及教學工作獲得優秀評價而成為學校最年輕的教授。前不久，廈門大學以八十萬年薪（目前中國學術最高薪資）聘請茂森為該校財經研究所主席教授；最近澳洲名城黃金海岸的邦德大學兩次禮請茂森到該校任教授工作，等等。但茂森已立志走師父上人的路，所以毅然捨棄。並且最近已正式向昆士蘭大學提交了辭職書。商學院院長布萊斯福（Tim Brailsford）教授十分惋惜地說：「如果您在工作上沒有這些成績，您要走那條路，我覺得還容易理解。可是現在您的情況這麼好，您還是堅持要走，我只能說很敬佩。」

常聽師父上人講經，常憶釋迦牟尼佛捨棄王位去追求真

理,求道證道,而後覺悟眾生,讓天下生靈離一切苦得究竟樂,豈不感動!我支持茂森「捐志若虛空,勤行求道德」,做一個像佛陀那樣自覺覺他、覺行圓滿的教授!

我退休前,在廣州曾做過《中國食品報》記者、《廣東食品報》副主編,及廣東省社會福利集團公司公共關係部經理等職,接觸的人可謂廣而多矣,但是在眾多的人當中,有君子之風,有聖賢之德的人,卻是鳳毛麟角。環視神州大地,放眼全球,我多麼希望中華傳統道德遍地開花!我覺得目前世界不是缺乏經濟金融人才,而是急缺倫理道德的教育與師資,所以我贊成茂森重新選擇人生道路。

師父上人年輕的時候,曾受教於三位老師:方東美教授教您哲學,啟發您學習人生最高的哲學——佛學;章嘉大師為您指點人生的道路;李炳南先生教您學儒學佛的課程。現在我覺得您本身兼具這三位大德的特點。遇到您,我們很幸運!我兒子拜您為師,必能得兼容並蓄之美,懇請師父上人加意指導!平素我母子相依為命,今兒子立志做聖賢,我雖無孟母之德,卻願效法六祖惠能大師之母——「送子出家」!

師父上人,您曾說過一句名言:「聖賢是教出來的。」好得很!我今天就把兒子送給您調教,希望茂森在您的指導下,專心修身弘道,並效仿您當年「不管人、不管事、不管財」,專一潛心治學,自度度他。我希望茂森將來能承傳您的法脈,發揚光大!臨終往生極樂世界上品蓮生!至於採取什麼形式,或如師父上人行作沙門,或如李炳南先生示在家相,完全聽從您的指導安排。

今天我很高興，到大善知識這裡，送子拜師，略備束脩之禮，還請笑納。今後茂森跟您學習，「離欲深正念、淨慧修梵行」，「為眾開法藏，廣施功德寶」；做母親的我，當至心念佛，「常勤精進，生安樂國」。衷心感謝您的教誨，我們母子都找到了自己的立足點。

仰慕孔子、佛陀，從今而後，我們要過覺者的生活！至誠感恩師父上人，您的教誨，我們現在更加懂得寶貴和珍惜。

願您長住弘法利生，覺者會源源不斷！

祝您健康長壽！平安吉祥！

趙良玉　攜子　鍾茂森　頂禮敬呈

二〇〇六年九月二十七日　於香港

母親：

當時老法師十分歡喜，鄭重地換上嶄新的衣服，然後我們母子禮佛三拜之後，頂禮師父上人三拜，我們終於找到了自己的理想老師。茂森在今年淨公上人八十一壽辰之日，寫詩讚歎自己的老師：

兒子：

淨公上人頌

五旬說法大師行，佛陀教育正其名。

廣弘三教演華嚴，導歸淨土倡大經。

衛星網路是道場，經碟善書遍十方。

落實和平聯宗教，推行德育報家鄉。

證示和諧唯心現，修身為本教學先。

仰之彌高不可極，始信如來應世間。

【註解】：

1.**五旬說法大師行**：五旬是指五十年，釋迦牟尼佛也是講經說法四十九年，師父上人講經說法至今也是四十九年。

2.**佛陀教育正其名**：淨公上人特別指出佛教是釋迦牟尼佛對九法界眾生至善圓滿的多元文化社會教育。

3.**廣弘三教演華嚴**：淨公上人一生大力弘揚中華傳統文化儒、釋、道三家的教育，並在晚年每日演述《大方廣佛華嚴經》。

4.**導歸淨土倡大經**：淨公上人所有的講經說法都導歸極樂世界，一生了脫生死，圓成佛道。特別提倡和弘揚淨土第一經──《佛說大乘無量壽莊嚴清淨平等覺經》（又稱大經）。

5.**衛星網路是道場**：淨公上人用衛星電視、網際網路來播放講經說法的內容，這是新時代的道場。

6.**經碟善書遍十方**：信眾給淨公上人的供養，他全部用於向全世界印送經書、光碟、善書（包括已印贈了六千五百套《大藏經》）。

7.**落實和平聯宗教**：他從宗教團結下手，促進世界和平。首先從新加坡做起，把九大宗教團結成一家人，證明「宗教是可以團結的」。

8.**推行德育報家鄉**：淨公上人在家鄉安徽省廬江縣湯池鎮建立「廬江中華文化教育中心」，推行儒家德行教育，從《弟子

規》做起，使湯池民風在短期內有顯著改善，證明「人民是可以教得好的」。

9.證示和諧唯心現：淨公上人用宗教團結和推行傳統文化教育兩種方法，為聯合國及世界各國的和平工作者證明和顯示：「和諧世界，從我做起，從我心做起。」實踐《華嚴經》中「一切法唯心所現，唯識所變」的理念，以落實和諧世界。

10.修身為本教學先：構建和諧社會具體做法是落實古訓：「建國君民，以修身為本，以教學為先。」

11.仰之彌高不可極：這是借用《論語·子罕第九》中顏回讚歎老師孔子的話來讚歎師父上人，「顏淵喟然歎曰：『仰之彌高，鑽之彌堅，瞻之在前，忽焉在後！夫子循循然善誘人：博我以文，約我以禮。欲罷不能，既竭吾才，如有所立，卓爾；雖欲從之，未由也已！』」

12.始信如來應世間：作為弟子，我深信師父上人一切的言教身教，是如來應世。《阿難問事佛吉凶經》中說：「為人弟子，不可輕慢其師，惡意向道德人；當視之如佛。」

母親：

由讚歎父母，而到讚歎師長，由孝敬父母，而到奉事師長，師道是建立在孝道的基礎上的。

拜師之後，在去年（二〇〇六）我的生日，茂森給我的賀卡中，寫了一首詩，為我祝壽：

兒子：

> 育苗辛苦半生忙，樹高方可與人涼。
> 不願兒為名利漢，便如孟母史留香。

【註解：培養兒女就像培養樹苗一樣，十年樹木，百年樹人。母親用半生的心血，把我培養成一棵小樹，希望我將來成為參天大樹，使人在樹下得到蔭涼。母親不願兒子成為追逐名利之人，而希望兒子成為聖賢。我願效法前賢，也讓母親像孟母一樣青史留香。】

母親：

茂森已經取得了全澳排名第一的昆士蘭大學商學院的終生教職，現在毅然辭去。校方殷勤挽留，最後說：「我們給你保留一年職務，我們等你一年後回來。」

茂森在金融方面的論文和教學水準，為澳洲各大學所稱道，甚至在今年（二〇〇七年）五月澳洲的八大名校之一，阿德萊德大學正式發出聘請，請茂森到該校任教授。

不。既然立志走上聖賢教育之路，是義無反顧的。

茂森告別了美麗的昆士蘭大學校園，告別了優越的教授生活，告別了在澳洲新買不久的花園住宅，又開始了求學的生涯，重新當一名學子。

從今年（二〇〇七年）開始，茂森到澳洲淨宗學院和香港佛陀教育協會，在淨空老法師身邊學習，並每日習講儒釋道三家的經典。老法師對茂森的習講，冠以的總標題是「純淨純善和諧世界」系列講座。

茂森迄今已經用普通話和粵語講了講儒釋道三家的基礎課程，包括：

　　1.《純淨純善的根本──孝道》

　　2.《改造命運，心想事成》

　　──《俞淨意公遇灶神記》學習心得

　　3.《修德立業的根基》

　　──《弟子規》學習心得

　　4.《吉凶禍福的原理》

　　──《太上感應篇》學習心得

　　5.《回歸本性本善》

　　──《十善業道經》學習心得

　　6.《重建美滿人生》

　　──《了凡四訓》學習心得

這些講演的錄影都已放置於網上（澳洲淨宗學院網站：http://www.amtb-aus.org），有興趣者可以從電腦上觀看。作為母親，我高興地看到：孩子在真理的大海中起步揚帆了，肩負起新的使命了！

今年我的生日，茂森獻給我一首《感恩慈母頌》：

兒子：

感恩慈母頌

春秋六秩轉瞬間　　育兒辛苦三十年

昔有孟母勤策勵　　而今家慈不讓賢

不戀高薪教授銜　　唯希獨子德比天

從來豪聖本無種　　但以誠明度世間

這裡解釋一下：六秩，是指六十年，秩是十年。六十年，轉眼過去了，母親辛辛苦苦養育兒子三十多年了，古代有孟母辛勤教子，鞭策鼓勵孟子發憤圖強，成聖成賢，而今家母也效仿古人，不貪戀高薪收入，不迷戀教授的優越工作，只希望兒子的道德學問與天地一樣長久。

從來豪聖本無種，「人之初，性本善」，「人皆可以為堯舜」。但以誠明度世間，誠明一語出自《中庸》第二十一章：「自誠明，謂之性；自明誠，謂之教」。印光大師說：「聖賢之道，唯誠與明。」聖賢，就是以真誠愛心和智慧，幫助眾生，破迷開悟，離苦得樂。

母親：

茂森在生日賀卡中還寫道：

母親壽辰之日，便是我思恩念孝的日子。

我人生的每一個階段，都凝聚著母親睿智的指導和安排，

母親的恩德何以為報呢？

養母之身！養母之心！養母之志！

作為母親，我很欣慰，兒子走上了學習聖賢的道路，立志為和諧世界立德，立功，立言。

七

家庭教育的原理

——教子三十年的感悟

136

母親：

我們現在已經進入「家庭教育心得報告」的最後一個內容了。

我要告訴大家一個真切的心得，就是：孩子是可以教好的！優秀是教出來的！

你們看一看我的兒子茂森，他是一個很普通很普通的孩子。小的時候又土氣，又淘氣（被鎖在家裡時，隔著鐵門與小朋友玩撲克牌；踢球打破人家的窗戶，賠償玻璃），是個頑童。在與親友們的同齡孩子相比，茂森也沒有他們聰明。

茂森在美國時給我的信中說：

兒子：

目睹我從小以來的照片難以置信，
昔日一個淘氣的頑童
竟成為今朝的博士。
這其中充滿了母親
多少嘔心瀝血的操勞
多少無微不至的關懷
多少循循善誘的教導！

母親：

在另一封信中又說——

兒子：

我原本是一塊粗劣的碑石，

您正是一位智慧的雕塑家

以上所示照片三歲至今，依次包括：

幼稚園、小學、中學、大學、碩士、博士、弘法等照片

母親：

博士畢業那年，茂森給我的新年賀卡中說：

> 我並不是天性聰敏，而是得力於您二十多年不倦的引導教育，使我今天成為一名博士，登上大學的講壇。的確是您的教育造就了我！

是的，教育可以造就一個人。

為什麼說，孩子是可以教好的呢？

打開中國傳統教育課本，《三字經》開頭就說：「人之初，性本善。性相近，習相遠。苟不教，性乃遷。」這是教育的原理。

人生之本性都是至善的，後來因維生活與學習環境的不同，就有了差異。如果不及早接受良好的教育，純善的本性就會隨著環境的影響，而蒙受污染。雖然本性並沒有動搖，但是蒙上了習性，比如太陽被烏雲遮住。而教育的原理就是去除污染的習性，恢復至善的本性。孟母會教子，《三字經》說：「昔孟母，擇鄰處。子不學，斷機杼。」孟母是非常善於在生活中運用教育原理的人。孟子小的時候非常純潔可愛，因為家住在墓場附近，小孟子經常看人送葬，就玩遊戲學埋死人，這是被環境所影響了。於是孟母就搬家，搬到市場附近，小孟子天天看到小販賣豬肉，他就學賣豬肉，孟母發現了，就又搬家，搬到學堂附近，於是小孟子就學讀書，學鞠躬行禮，學知識，孟母看到心裡歡喜，孩子受到良好環境的薰陶，日後就變成了讀書人。

孟子一天貪玩蹺課跑回家，孟母就把織布機上的布剪斷，來

教導孩子學習不能半途而廢。孟母的偉大之處，就在於她善運用教育改變孟子，改變孩子的習氣，使孩子向學，向善。

每個孩子，都好比是一座未開採的金礦，用什麼去開採？用教育。每個孩子，都好比是一面塵封的鏡子，用什麼去擦洗？用教育。

有人會問：為什麼有的孩子聰明，有的孩子愚笨？那好比鏡子上的灰塵，有多有少、有厚有薄。灰塵少的就聰明，多的就愚笨。只要擦掉灰塵，大家是一樣明亮的，平等地顯現「人之初，性本善」，平等的擁有本性本善。所以《弟子規》最後說：「勿自暴，勿自棄，聖與賢，可馴致。」這個「馴」字就是指接受教育。所以孟夫子才會說：「人皆可以為堯舜。」你把灰塵去掉，你就是聖賢！

不僅儒家揭示這個教育的原理，佛家闡述的更深刻。

釋迦牟尼佛，當年出家苦行，後在菩提樹下打坐證道時，第一句話就說：「奇哉！奇哉！眾生皆有如來智慧德相，但以妄想執著而不能證得。」意思是說：奇妙啊，一切眾生原本皆有佛一樣的智慧福德，本性本善，只是因為妄想、執著，換句話說，就是因為蒙受污染了，而不能顯露。把污染去掉，就恢復本來的美好。比如太陽，光明普照，但因烏雲遮蓋，不見陽光，並不是沒有太陽，烏雲散去，太陽就在當空。

所以一切人經過長時間的教化，薰習，都可以變得優秀，都可以恢復本有的真善美慧。

因此，教育的宗旨是什麼呢？──長善救失。此語出自儒家經典《禮記·學記》：「教也者，長善而救其失者也。」 教育，是長養人的善心、善言、善行，糾正人的錯誤觀念和言行，幫助

人恢復本有的真、善、美、慧。

兒子：

母親在我博士畢業，走上大學講壇的時候，特別寫信叮嚀我說：

你永遠是一個學生，終生要接受教育，

活到老，學到老，

永遠生活在感恩的世界裡，

永遠擁有豐富的內在精神生活，

信仰、教育終生不離！

母親：

老子在《道德經》（巧用第二十七章）中說：「是以聖人常善救人，故無棄人。常善救物，故無棄物。」意思是說，聖人永遠善於拯救人，而沒有遺棄的人，永遠善於拯救物，所以沒有被遺棄的物（物盡其用）。

所以教育不是淘汰人，不是遺棄人，而是幫助人，轉化人。怎麼轉？教育使人轉惡為善，轉愚為智，轉凡為聖。教育的根本宗旨就在於轉化。能諸惡莫做，眾善奉行，使人轉惡為善了；用倫理道德與科學知識來充實自己就轉愚為智了；能在順逆環境中自我改造，自我完善，而日趨與聖賢一致，就達到教育的圓滿而轉凡成聖了。

所以施教者，要「誨人不倦」，受教者要「學而不厭」。

對於教育的原理和宗旨有了這樣的感悟與認識，才會有信心說「孩子是可以教好的！」

一個孩子，經過教育，他就會做出讓父母、讓老師、讓社會、讓大眾都滿意的事。

那麼，我想先請問一下，在座的朋友們，您的一生到現在為止，有沒有做過哪幾件事令您父母滿意和開心的呢？

我想對茂森三十多年所受的教育做一個回顧和小結：

茂森迄今曾做過十件事，令我很滿意和開心，在此願與大家分享：

　　茂森十件令母親開心的事：

1.小學四年級時，能主動獨立做好一桌飯菜，讓父母下班享用。

2.能以健康的身體，品學兼優的成績完成小學、中學、大學、碩士、博士全部學業，在二十六歲時，讓母親成為博士媽媽。

3.在整個讀書過程，特別是赴美留學期間，能遵照母親的要求，不談戀愛，不結婚，專心致志求學。

4.以刻苦的求學精神，和儉樸的留學生活，用四年時間完成碩士、博士全部課程而贏得美國著名教授的稱讚：「二十五年教學生涯中最優秀的學生。」為國人爭光!

5.在留學期間，能以工讀生的收入與節省使用獎學金的錢，每月孝敬父母，工作以後以薪資每月供養父母及鄉下的爺爺奶奶。

6.「兒不嫌母醜」，善於讚歎和感恩母親，寫下許許多多的信件、賀卡、詩詞，讓母親開心，讓親友們感動。

7.以優秀的教學成績和多次獲獎的論文，而成為年輕的教授，兒子實現了我要當教授母親的願望。

8.為外婆送終守夜,通宵誦經念佛。為鍾氏家族修祖墳,為爺爺奶奶在廣州市內買房子,使二老頤養天年。敬老悅老,令母親開心。

9.在大學任教的業餘時間,注意修養品德,弘揚聖賢教育,在世界各地演講《明道德、知榮辱》(八榮八恥的學習體會)、《因果輪迴的科學證明》、《幸福成功的根基》、《青年人應有的美德》等專題報告,把孝心、愛心奉獻給社會。

10.立志為往聖繼絕學,為天下開太平,為和諧世界做更積極的貢獻,而辭職拜師於淨空教授,全身心投入學習和弘揚聖賢教育的工作。

八

結

語

母親：

　　今天，非常感謝大家給我們母子這樣好的一個機會，一個總結和提高的機會，和一個向大家請教的機會。

　　回憶我們母子三十多年的生活路程，是彼此受教育的路程，是教學相長的路程，是共同覺悟，共同提高的路程。

　　以上種種回憶、種種言行，和那些歷歷在目的照片，還有那些母子溫馨的故事，是我們愛的感受、愛的溝通、愛的奉獻。我們母子將繼續努力學習，把這種愛昇華和擴展，到社會，到大眾，到永遠⋯⋯

144

母子三十年的生活照片

兒子：

感恩母親，感恩所有的親人，感恩從幼稚園到大學的所有老師，感恩從事於慈悲智慧教育的所有法師，感恩國家的培養，感恩人民的栽培，使我今天能在學習聖賢的大道上前進！我一定修身敬業，以真實學問道德，報效國家，服務人民，為和諧世界做貢獻！

母親：

最後，請允許我，把教子三十年的體會濃縮為三句話，並帶著我們深深的感恩和祝福，獻給大家：

第一句，我們堅信：優秀是教出來的，而父母永遠是孩子的第一教師！

第二句，我們牢記：要從中華傳統文化教育中吸取精華，而從《弟子規》做起！

第三句，我們期盼：天下的父母，都能為和諧世界培養更多的大孝、至孝的兒女！

謝謝大家！

趙良玉　鍾茂森　鞠躬

二〇〇七年七月　於香港

母子對談摘錄

母親：

◎用什麼方法才能開啟人性的寶藏呢？——用「孝」。這是第一把鑰匙。孝養父母，擴而大之，孝養一切眾生。茂森，你先做一個榜樣，給青年們看看！

◎我是一個充滿信心的中國婦女，深信孟子所說的：「人皆可以為堯舜！」我們做母親的不僅要立志，為祖國、為人民培養技術人才，還要為人類培養聖賢的種子！幫助孩子走上聖賢之道。

◎我伴隨孩子，走完了這二十年的學習生涯，現在圓滿了，孩子可以出來為社會服務了。就像看到自己栽的花，盛開了；就像看到自己種的樹，果實長出來，成熟了，心中自然有說不出的歡喜。

◎世界上有兩樣東西，只有失去時才知道它的價值，這就是：青春和健康。希望你做一個智者，身置廬山之中而知廬山之美。

◎我多麼希望中華傳統道德遍地開花！我覺得目前世界不是缺乏經濟金融人才，而是急缺倫理道德的教育與師資，所以我贊成茂森重新選擇人生道路。

◎每個孩子，都好比是一座未開採的金礦，用什麼去開採？

用教育。每個孩子，都好比是一面塵封的鏡子，用什麼去擦洗？用教育。

◎從你的童年，小學，中學，大學，到留美攻讀碩士，博士。這些時光像夢一樣地過去了。是歡喜？是感嘆？還是成熟和覺醒？……你知道這就是人生嗎？你悟出了什麼？

◎行孝，要靠中華傳統文化儒、釋、道經典的教化力量，然而，父母的以身作則，也是最具權威的教育，是無聲的命令，使孩子不令而從。

◎我要告訴大家一個真切的心得，就是：孩子是可以教好的！優秀是教出來的！

◎你永遠是一個學生，終生要接受教育，活到老，學到老，永遠生活在感恩的世界裡，永遠擁有豐富的內在精神生活，信仰、教育終生不離！

博士：

◎「用什麼方法開啟人性寶藏呢？」用「孝」。孝養父母擴而大之，孝養一切眾生。——媽媽，您說的太對了！我就聽您的，用我這一生寫出一個光輝的「孝」字！

◎世上最偉大的是母愛。母愛，能在寒冬中為兒女帶來溫暖，在酷暑中帶來清涼……您對我三十多年的養育中，含辛茹苦，毫無保留，不求回報。所以古德教導我們孝養父母說：「天地是孝德結成，日月是孝光發亮。」父母恩德無邊，而「孝親乃天地第一德」。

◎媽媽，請您放心，您的兒子向您保證，向您發誓：我一定會孝順您，把孝順放在第一位，把事業放在第二位

◎我深深懂得：我來美國不是享受的，而是在欠著父母的恩德，花著父母的血汗錢，若不努力讀書，天理難容！

◎如今孩兒的翅膀逐漸硬朗，羽毛逐漸豐滿，然而飲水思源，我一切的一切，哪一點沒有您的關心，愛護，勞動，智慧，教育和啟迪？您是母親中的典範，是我心目中永恆不滅的星斗！

◎我真感謝媽媽對我的培養。我在國內的一切鍛鍊，包括學習、寫作、談吐、講演、交際、英文、做飯、做家務、購物、理財、交友，規劃安排前途，課外向李教授學習，同時承受多種事務……這一切都是那麼有價值。

◎感謝母親的幫助，我覺得，母親，不僅是家庭教育的主角，而且掌管著孩子成長階段的各個進程，在幼年時代，母親是孩子的救星和保護神；在青年時代，母親是總參謀、總管理；在成熟時代，母親是朋友，是尊長。母親，永遠是孩子的老師。

◎我好比是一棵小樹，我的身後有一位勤勞的園丁，這位園丁就是我的母親。無論是在母親的身邊，還是遠離母親，母親的關懷時時都是伴隨著我。

◎我人生的每一個階段，都凝聚著母親睿智的指導和安排，母親的恩德何以為報呢？養母之身！養母之心！養母之志！

◎在我眼中，母親不僅是兒子的保護神，還是兒子的嚮導，如果說兒子是大風大浪的人生海洋中的一艘小船，那麼母親便是這船上的舵手。

後 記
——學習《母慈子孝》心得

149

讀了《母慈子孝》，無限感慨，鍾媽媽作為一位母親，其深遠的教育智慧尤其令人感佩。

當讀到「決心要培養一個好孩子的時候，要孩子的時機就成熟了」，鍾媽媽對孩子的教育，原來遠在胎教之前。

一位即將做母親的女子，多年耳濡目染母親的賢良，父親給予聖賢風範的薰陶，又加之自身幾十年後天的修為，她的孩子還沒有出生，已經凝聚了幾代人的德行涵養，其實何止幾代人，「有百世之德者，必有百世子孫保之」，一個聖賢後代從無到有，一定是家族多世積功累行的結果。

當然對孩子影響最近的，也是最深遠的是母親，所謂「無賢母，又何由而得賢子女哉？」鍾媽媽對兒子教育用心之深，其志向之高遠，今世卓然，亦所謂「家庭母教，乃是賢才蔚起、天下太平之根本」。

我們也常說教育是一生的事情，可是為人父母、師長者幾人能確實為之？所謂知易行難。尤其讀到博士十九歲時，母親的賀卡，一直為兒子計畫到五十五歲，而今博士之學問、修為、德行，世人稱歎，祖師曰：「世無聖賢之士，由世少聖賢之母所致也。」不能不感喟世有鍾博士，乃因有其聖賢之母也，所謂此母此子！

學習傳統文化，學聖希賢，直到深入《母慈子孝》，才略

得一些聖賢法味，原來經典就是生活，所謂聖賢之道，即是以孝為本的人倫之道。鍾媽媽對兒子的言傳身教，那些令人回味的細節，不都是生活的點點滴滴嗎？

其實，在二〇〇七年即有緣得遇《母慈子孝》，當時匆匆流覽，只為博士所發的九條大願讚歎幾聲，未得其味，入寶山而空手回。

今看鍾博士之成長歷程，回首來時路，自己太多的人生遺憾是小，還帶累了多少有緣的親人和朋友，從心而覓，實在是沒有孝道根基，辜負了多少師長和親人，慚愧之至！

「力行近乎仁，知恥近乎勇」，作為一個母親，一名老師，而今常用鍾媽媽教子智慧指導自己的人生，對孩子、對學生，乃至對身邊的有緣人，逐漸提起一份耐心、責任心、長遠心；鍾博士對父母師長之至誠恭敬，常常觀照而每每潸然淚下，感念鍾博士恩德一分，便對鍾媽媽的敬仰加高一層，唯願此生克盡本分，能夠效法母慈子孝之萬一。

《母慈子孝》，一讀、再讀，那一封封母愛子，子愛母的書信、文稿，散發著濃厚的人倫慈孝的真味，母親眷眷的心，與兒子拳拳的心，是那樣的至情、至性，相映成輝，閃耀著性德之光。

「人之初，性本善」，向善向德之心，人人具足。末學曾經多次分享《母慈子孝》內容，鍾博士自幼至今，幾十年來學業、事業、道業一路走來的成長經歷，總能深深打動在座的每一個人。

一個國學學校舉辦「傳統文化夏令營」，末學主講一週，全部圍繞《母慈子孝》，因為自己感觸太深了，所以多次淚不能

禁；他們的校長全程參與課程分享，場場落淚；那些從外面請來的生活輔導老師，從未聽過傳統文化的課程，也都是每場淚濕。其中一位六十歲的長者上台含淚發言，希望天下的媽媽學習鍾媽媽，甚至課程結束後，還在流淚感恩學校和老師給她學習機會；煙台一位中年英語教師，含淚說希望天下的兒女都像鍾博士一樣；來自新疆和山東沂蒙山區的幾位二十幾歲的女老師，也都流淚懺悔自己從來不知道感恩父母，太慚愧了。大家在母慈子孝的人倫中，孝心被啟發了，課堂上自性流露，當下找到了同體的、一體的感受，所謂「何期自性，本自具足」。

還記得課程剛開始，用大大的字體，在螢幕上打出鍾博士的簡介，結果有位少年人說：「鍾博士太偉大了，老師，我們做不到！」當他們聽到鍾博士幼年，《遊子吟》背誦一個月，也很淘氣，後來因為老實聽話，慢慢在母親的教育下成才，尤其是求學、甚至工作期間，都堅持自己定的七條戒律，所謂「七不」：第一是不看電影電視，第二是不逛商場，第三不留長頭髮，第四不穿奇裝異服，第五不亂花錢，第六不亂交朋友玩樂，第七不談戀愛。才明白有所成就不在資質，而在老實聽話，孩子們紛紛表示要努力試試看，並大聲說「聖與賢，可馴致」。於是我們每次課程前，都背誦「七不」，並在第一條加上「不上網咖」，孩子們樂此不疲，彷彿每背誦一次，他們就離聖賢近了一步。

讀了鍾博士十一歲寫的《怎樣孝敬父母》的短文，十七歲為父親生日的賦詞，十九歲母親節的賀卡，二十六歲博士畢業前邀請母親到美國的信，以及三十三歲生日等書信，請大家發言分享，孩子們是那樣的真純，都能不同程度的把書信中的情義、恩義解析出來。尤其是大家共同讀誦了《父母恩重難報經》，輔導

老師分享感受，個個流淚，孩子們受了強烈的震撼。

煙台一高中男生，父為海員，母為護士，與母怨深，只聽課一天半，兩個半天是《百善孝為先》，回去即對母親說：以後媽媽做的飯不挑食了，他的房間媽媽可以隨時進了，以後媽媽如果需要他，願意陪著媽媽一起出門。這位母親非常激動，長途電話詢問「孝親尊師」夏令營到底講了什麼課程。末學感慨萬千，《孝經》云：「甚哉，孝之大也。」孝道的力量太偉大了，亦深知是博士母子以身應化之效，除了課堂上把真誠感恩的掌聲獻給祖先、獻給鍾媽媽、鍾博士外，末學與那位校長相約，不管這邊學校有什麼課程、講座，一定要把《母慈子孝》宣講給大家。

另外一位從事傳統文化推廣的老師說：「鍾博士母子的故事太震撼了，真感情好文章，什麼都不用講，單純信件宣讀，即是感人至深之課程。」

一個課程的下半場，末學講到父母是每個人首任、至親的朋友，他們時刻關注著我們的成長，直至他們到了另一個世界，也會給我們遙遠的祝福……即讀了鍾媽媽一九七九年為六十九歲母親生日的獻詩，接著讀到一九九一年博士為母所獻長詩，末學讀得是哽咽淚濕，專修學校校長以及各位老師也潸然淚下，輔導老師感言，人子當如此，大孝終生慕父母。一位高一女生說：感動──鍾博士不僅在賀卡中歷數了母親所有的付出，而且時時想著如何回報……課程結束了，末學和校長四目相視，同時出言：「慚愧！」這位校長特別強調，課程中還是要多講孝道。

當晚，播放《父母恩重難報經》，一個小時的影片，然後是十分鐘母親生產的短片，請孩子們寫心得體會。

下面是國學專修學校校長十三歲的女兒的心得：

153

　　這次老師講的《百善孝為先》中，讓我印象最深的是：記著母恩，大孝終生慕父母；還記得鍾茂森博士的故事，他成功的原因其實好簡單，就是他非常的老實，他時時刻刻聽媽媽的話，我想他的成功來自於他的母親對他的真愛。其實天下所有的母親都一樣，都時時刻刻地愛著自己的孩子。說實在話，我一直為我生在這樣的家庭而感到驕傲。我這麼小，就能接受到這樣的教育，真不知道這種福分，是多少世才能修來的。還有當講到「朋友」這個詞的時候，在學習之前我從沒有想過，原來父母是我最至愛的朋友。現在我明白了，從來到這個世界開始，我第一眼見到的是父母，每早睜開眼見到的也是父母，小時候，我們會向父母撒嬌、傾訴，父母都替我們分憂、解憂，可當我們長大了，為什麼和父母的距離卻漸漸拉遠了呢，說和父母有代溝，無法交流，但誰又能比父母更知道我們的心，更能處處為我們著想，更只求付出不求回報呢？無非就是因為我們的心沒有小時候那麼單純，受到了污染。

　　現在的我，深深知道唯有「孝」，能洗滌人的心靈。孝道，要做個孝子，就要先和父母交朋友，知他們的心，順他們的意，了他們的願，還要尊敬他們。和父母之間沒有什麼隱私，沒有什麼代溝，沒有什麼不能說的話，「親所好，力為具」，和父母成為最親密、最要好的朋友，我一定要先從這一點做起。

　　從現在開始，我立志做一個孝子，像父母期待的一樣，從小立志，讀聖賢書，成聖賢人，聖賢人可都是從小立志的

呀。

　　以前聽課是媽媽逼著我坐在那裡，收穫不大；這次我感覺自己聽得很認真。恭敬心，是要敬人、敬事、敬物，我可不敢在這講大道理，我是真心懺悔，以前的恭敬心總提不起來，按捺不住傲慢，在此，我真心的對父母說一聲：您們辛苦了！

　　十幾歲的孩子很清淨，聽了幾天孝道的課程，就能夠有這樣的悟處，還能夠透過鍾博士的成長找到根本，並且發願、立志要做孝子，末學也是深受啟發，對「夫孝，德之本也，教之所由生也」有了更深刻的認識和體悟。

　　所以在接下來給天津的一些職業經理人培訓《傳統文化導航幸福人生》課程時，仍然是以《母慈子孝》為核心，最後歸結到：以鍾媽媽培養鍾博士之心去經營事業，事業一定成功；以鍾博士回報母親的大孝之心去對待身邊每一個有緣人，一定是幸福人生。課後他們紛紛來問鍾博士的資料哪裡有？告知網上搜尋可以得到很多，皆聲聲感恩。

　　在八月中旬的一個教師講座中，末學給老師們分享《母慈子孝》，舉牌「時間到」，結果發現大家還聽得津津有味，就又順延了半個小時，多讀了幾封書信，課後好多老師慨歎與傳統文化相見恨晚！

　　一次長輩慈命，讓末學上台分享，環顧四面多是長輩同修和很有修為的學長們，四面牆上掛的皆是諸聖先賢之像，威光赫赫，當時戰戰兢兢，竟不知從何說起。一想到《母慈子孝》連日來的效果，當即決定把鍾博士的成長歷程作為分享內容，瞬間心

安了，最後依依惜別時，大家都深深感恩鍾博士母子精彩的人生演繹。

如今，深深得益《母慈子孝》，明白原來的修學都落到了言語上，現在時時觀照，盡力落到生活的實處，日日三省，檢驗己心，懺悔改過，也略略初嘗了聖賢之法味。

回溯源頭，感恩先祖遺留之聖賢德教，感恩聖母慈悲育兒志在聖賢，也感恩鍾博士之孝親尊師光大倫理道德，願《母慈子孝》承載的千古聖教萬古流傳！

NOTE

NOTE

母慈子孝

國家圖書館出版品預行編目資料

母慈子孝 / 趙良玉、鍾茂森作. -- 初版.
-- 新北市：華志文化, 2014.05
　面；　公分 . -- (中華文化大講堂；1)

ISBN 978-986-5936-75-4（平裝）

1. 家庭倫理 2. 孝悌

193　　　　　　　　　　　　　　　103004580

🖢 華志文化事業有限公司

系列／中華文化大講堂 ⓪ ⓪ ❶

書名／母慈子孝

作　者　趙良玉、鍾茂森

執行編輯　林雅婷

美術編輯　黃美惠

文字校對　陳麗鳳

企劃執行　康敏才

總編輯　黃志中

社　長　楊凱翔

出版者　華志文化事業有限公司

電子信箱　huachihbook@yahoo.com.tw

地　址　116台北市文山區興隆路四段九十六巷三弄六號四樓

電　話　02-22341779

總經銷商　旭昇圖書有限公司

地　址　235 新北市中和區中山路二段三五二號二樓

電　話　02-22451480

傳　真　02-22451479

郵政劃撥　戶名：旭昇圖書有限公司（帳號：12935041）

電子信箱　s1686688@ms31.hinet.net

出版日期　西元二〇一四年五月初版第一刷

售　價　二五〇元

Printed in Taiwan

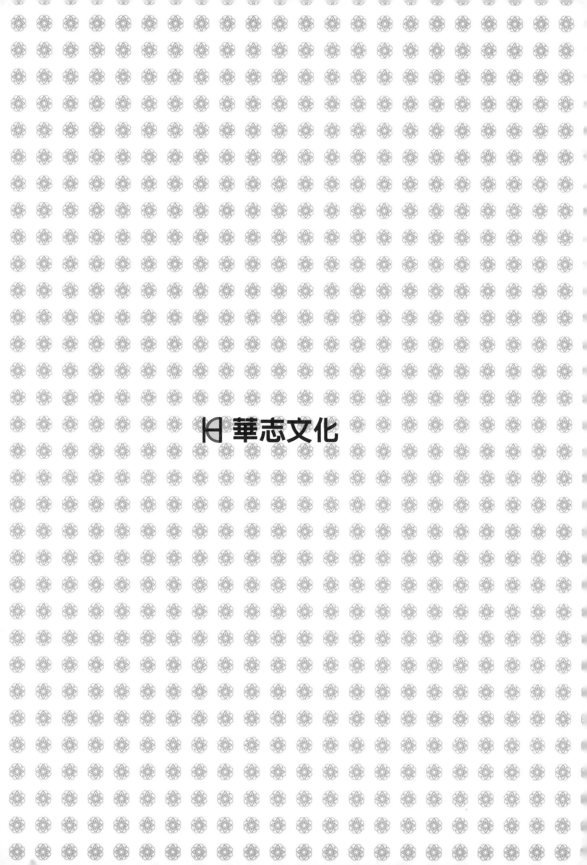

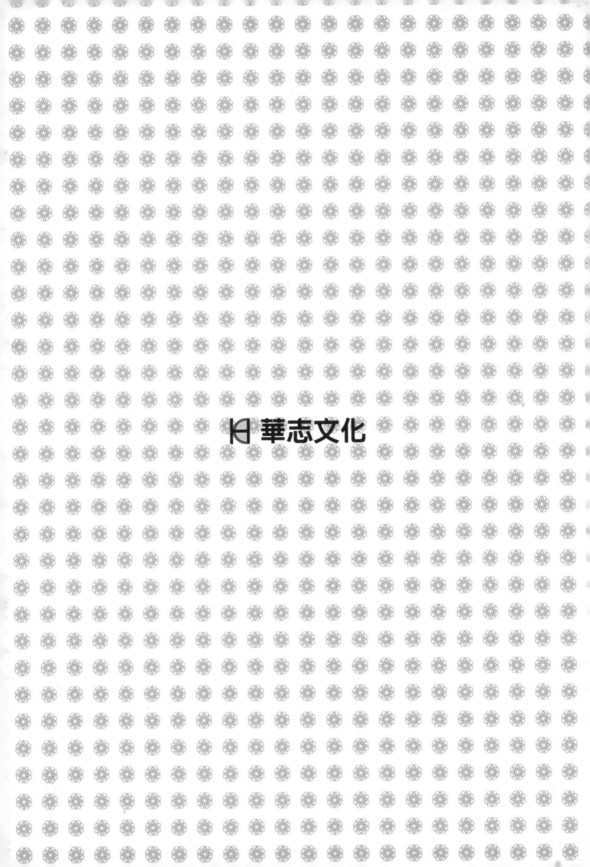
華志文化